BIBLIOTHÈQUE D'ÉDUCATION NATIONALE

ÉTIENNE MARCEL

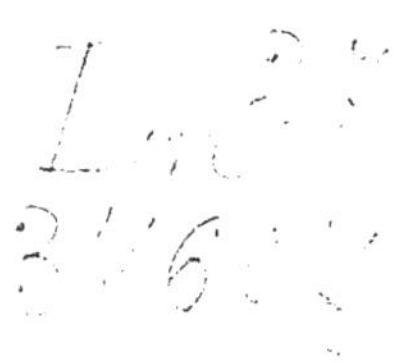

COLLECTION PICARD

BIBLIOTHÈQUE D'ÉDUCATION NATIONALE

ÉTIENNE MARCEL

PAR

JULES TESSIER

ANCIEN ÉLÈVE DE L'ÉCOLE NORMALE SUPÉRIEURE, PROFESSEUR D'HISTOIRE
À LA FACULTÉ DES LETTRES DE CAEN

ILLUSTRATIONS DE F. MASSÉ

D'APRÈS LES MANUSCRITS DE LA BIBLIOTHÈQUE NATIONALE

PARIS

A. PICARD ET KAAN
Éditeurs
11, RUE SOUFFLOT, 11

MAURICE DREYFOUS
Éditeur
13, FAUBOURG MONTMARTRE, 13

PRÉFACE

Étienne Marcel a été si diversement apprécié et jugé chez nous, qu'il ne saurait être indifférent de rappeler comment on l'a parfois apprécié, jugé au dehors :

« Étienne Marcel, qui expia de son sang le sang qu'il fit répandre, fut l'éloquent organe des griefs, des besoins, des intérêts de son pays et de son temps...

« On lui reprocha d'être l'allié des Anglais, et personne ne fit plus que lui pour les repousser. On l'accusa de soutenir les

Jacques et de chercher l'extermination de la noblesse. Or, il ouvrit un refuge aux nobles dans les murs de Paris et s'opposa de toutes ses forces aux fureurs de la *Jacquerie*. On nous le montre avide, ambitieux, cherchant à concentrer le gouvernement entre ses mains; mais il faut se souvenir que les rênes du gouvernement flottaient au hasard entre le roi prisonnier et le duc de Normandie, tous les deux désarmés le même jour à Poitiers, l'un par la fortune du combat, l'autre par le déshonneur de sa fuite...

« Au milieu du désordre qui régnait, Marcel conçut le plan d'une organisation vigoureuse qui transforma la capitale du royaume, et qui, si elle ne put transformer le royaume même, y laissa du moins après elle de longs et vifs regrets, justifiés par de nouveaux désastres et de nouveaux malheurs. »

Tel est le jugement porté sur Étienne Marcel par M. Kervyn de Lettenhove, un savant historien belge, étranger à nos rancunes, à nos haines, comme à nos engouements de parti.

Cette citation sera notre seule réponse à ceux qui nous ont accusé déjà, qui nous accuseront sans doute encore d'avoir pensé, d'avoir dit trop de bien d'Étienne Marcel.

J. T.

« Je sais quelles préventions, quels préjugés singuliers, se forment sur l'homme constamment mêlé à la lutte ; je sais, quand il est vaincu, quelle légende monstrueuse on arrive à construire contre lui par l'entassement des calomnies.

« C'est ainsi que souvent un juste, un martyr, meurt avec la réputation d'un scélérat, et c'est là ce qu'on appelle former l'opinion des honnêtes gens. »

GAMBETTA. — *Affaire Baudin.*

CHAPITRE PREMIER

LA FRANCE EN 1356. — LE GUET-APENS DE ROUEN ET LE DÉSASTRE DE POITIERS

Au moment où la France se prépare à fêter le centenaire de la Révolution, il est bon d'honorer ceux qui furent les précurseurs de la Révolution, ceux qui, bien avant 89, ont combattu, souffert pour la liberté, ceux qui sont morts pour elle, qui ont été calomniés pour elle.

A ces titres divers, le premier nom qui s'impose à notre souvenir, à notre reconnaissance, est bien sans contredit celui d'Étienne Marcel.

Poser des limites à l'autorité royale, revendiquer

pour les élus de la nation, non seulement le droit d'examen et de contrôle sur tous les actes de la royauté, mais une part même de souveraineté, une part effective et prépondérante au gouvernement du pays, voilà ce qu'a osé, ce qu'a voulu, ce qu'a failli réaliser, en plein quatorzième siècle, un simple prévôt des marchands de Paris.

Si l'on veut comprendre comment, à pareille époque, pareille œuvre a pu être tentée, il faut se rappeler quelle fut la triste situation de la France, à l'avénement des Valois.

Maître déjà de la Guyenne, le roi Édouard III d'Angleterre ne pouvait oublier que ses ancêtres paternels, les Plantagenêts, avaient jadis possédé tout l'ouest de la France, de la Manche aux Pyrénées.

De plus, petit-fils et cousin-germain, par sa mère, des derniers Capétiens, il se croyait et disait plus proche héritier du royaume que la dynastie nouvelle des Valois.

Il réclamait donc plus et mieux que le vieil héritage des Plantagenêts; il voulait la couronne et le royaume de France. La France allait-elle devenir anglaise, passer au moins sous la domination anglaise? Telle était la question posée en 1328, et que l'imprudence ou l'incurie des deux premiers Valois fut sur le point de résoudre au profit du roi Édouard.

Philippe VI se laissa honteusement battre à Crécy; il laissa surtout, perte irréparable, prendre Calais. Si proche de l'Angleterre, Calais allait être, pendant plus de deux cents ans, la grande porte ouverte aux invasions anglaises.

Philippe mort, il semble que l'unique pensée du roi Jean eût dû être de réparer les fautes de son père, de venger les désastres du règne précédent. Mais Jean le *Bon*, Jean le Chevaleresque, paraît tout d'abord plus occupé de fêtes, de plaisirs, de tournois, que de batailles; bon, il ne l'est vraiment que pour les nobles ses compagnons, ou pour ses favoris. Il dispense les premiers de payer leurs dettes; aux autres, à Charles d'Espagne notamment, il prodigue les charges et l'argent, tue le connétable d'Eu pour lui donner sa connétablie, dépouille le jeune roi de Navarre pour l'enrichir de ses domaines. De la misère du peuple, comme du péril du royaume, on dirait vraiment qu'il n'a cure ni souci.

Toutefois, vers le mois de novembre 1355, il finit par s'émouvoir des insolences et des pilleries anglaises. Le roi Édouard débarqué à Calais était venu ravager le pays d'Artois. Le prince de Galles, de son côté, parti de Bordeaux, avait poussé jusqu'aux environs de Toulouse et de Narbonne, pillant et brûlant tout.

Jean mit à profit l'indignation causée, au Nord comme au Midi de la France, par cette double chevauchée anglaise. Il convoqua les États généraux. Le pays répondit avec empressement à l'appel de son roi. Les trois ordres réunis à Paris, le 10 novembre, votaient, deux jours après, une aide de cinq millions pour l'entretien de trente mille hommes armés.

Cette hâte patriotique des États eût dû prouver au roi Jean combien il avait eu raison de compter sur son peuple, combien il importait surtout de tourner sans retard contre les Anglais toutes les forces vives de la nation.

Malheureusement, le roi Édouard à peine retourné en Angleterre, le Prince Noir à peine rentré dans Bordeaux, Jean oublia la guerre anglaise pour ne plus songer qu'à ses rancunes, à ses haines privées. Il voulut à tout prix se venger du roi de Navarre qui lui avait tué son favori, Charles d'Espagne. Le meurtre remontait à deux ans déjà; même, les deux rois de France et de Navarre s'étaient, depuis, solennellement réconciliés. Mais Jean n'avait pardonné que des lèvres, non du cœur, réservant sa vengeance, guettant l'occasion.

Il la trouva, quand le dauphin, devenu duc de Normandie, se fut lié d'étroite amitié avec le roi Charles de Navarre. Un jour, le 6 avril 1356, sur l'invitation du duc, le roi Charles s'était rendu à Rouen, avec le comte Jean d'Harcourt, et quelques autres de ses amis, tous plus ou moins impliqués

Coment le roy de navarre
fu prins ou chastel de rouen
& de la mort daucuns chl̃rs de
normẽdie q̃ estoiẽt rebelles au
roy de france.,

D'après le manuscrit du duc de Berry, Bibl. Nat., n° 2608, f. 154.

dans le meurtre du connétable. Au milieu même du dîner offert par le dauphin à ses hôtes, Jean apparaît tout à coup dans la salle, suivi de ses hommes d'armes.

Avant qu'ils aient eu le temps de revenir de leur surprise, le Navarrais et ses amis sont saisis, garrotés. Jean se met alors tranquillement à table; puis, le dîner fini, le père et le fils, montant à cheval, s'en vont derrière le château, en un champ qu'on appelait, par dérision sans doute, le *Champ du pardon*. Le comte d'Harcourt et trois de ses compagnons, amenés là en charrette, sont décapités sous les yeux du jeune prince, qui venait de partager le pain avec eux. Après quoi les corps furent traînés au gibet de la ville, où on les attacha avec des chaînes de fer; à côté, les têtes sanglantes fichées sur des piques.

Quant au roi de Navarre, si l'on n'osa pas le traiter comme ses amis, en sa qualité de prince du sang royal de France, on entendait bien le tenir sous bonne garde, afin de le mettre désormais dans l'impuissance de se venger et de nuire.

Tel fut le guet-apens de Rouen, qui devait avoir bientôt, malgré l'emprisonnement du Navarrais, de si terribles conséquences. Philippe de Navarre, frère du roi Charles, soulève d'abord tout le comté d'Évreux, qui fait partie des domaines navarrais, puis il s'entend d'une part avec les Anglais, d'autre part avec les barons normands, parents ou amis des seigneurs assassinés.

Il fallait que le roi Jean fût bien aveuglé par sa passion furieuse, pour n'avoir pas prévu, avec ce soulèvement d'une portion de la Normandie, le terrible parti qu'allait en tirer l'Angleterre.

Tandis qu'en effet le duc de Lancastre accourt par le Cotentin rejoindre les rebelles normands, le prince de Galles se dirige de la Guyenne sur la Loire, pillant et ravageant sans obstacle tout le centre de la France. Son projet, à lui aussi, est de gagner la Normandie par la Touraine et le Maine. Il se trouve déjà à dix lieues de Blois, quand il apprend que son frère est en pleine retraite sur le Cotentin, que les passages de la Loire sont gardés, que le roi de France s'avance en personne à sa rencontre avec une formidable armée.

Le Prince Noir ne pouvait croire à tant de décision de la part de son insouciant adversaire. Il recule toutefois, mais si lentement, avec si peu de hâte, que l'armée française, le croyant devant elle, le devance sur la route de Poitiers. Il ne tenait dès lors qu'au roi Jean de réparer d'un coup les fautes et les malheurs passés. Les Anglais, sur le petit plateau de Maupertuis, où ils se sont retranchés tant bien que mal derrière les haies, les vignes, les buissons, sont déjà quasi prisonniers. Il suffirait de les y bloquer deux ou trois jours pour les avoir à merci. Mais

Jean le Chevaleresque n'entend pas ainsi la guerre. Au lieu de patienter, d'attendre, follement il attaque. Poitiers, qui eût dû être la revanche de Crécy, ne fut qu'un second Crécy, et bien autrement lamentable.

Cette seconde journée prouva, ou sembla prouver que, pour le salut du pays, il n'y avait plus à compter sur les armées féodales, sur cette vieille chevalerie française, jadis si renommée, si redoutée. A Crécy, du moins, elle avait bravement combattu. Bon nombre, à l'exemple du vieux roi de Bohême notre allié, sentant la bataille perdue, s'étaient jetés au plus fort de la mêlée, aimant mieux y rester que fuir.

A Poitiers, la fuite fut générale, presque instantanée, honteuse. Est-ce donc, comme on l'a souvent répété, que la chevalerie française, dégénérée, eût perdu tout souvenir, tout reste de sa vaillance d'autrefois?

Prenons garde d'être injustes; nous voyons bien la défaillance, mais nous ne pouvons croire à la lâcheté, chez notre noblesse française, brave entre les plus braves, et qui a si souvent, à force d'héroïsme, racheté tant de fautes indéniables. La vérité, peut-être, est qu'il s'opérait à ce moment, dans les choses de la guerre, une révolution étrange, bien faite pour dérouter, pour troubler nos féodaux, même les plus intrépides.

Nos hommes de cheval, si fiers de combattre à cheval, si dédaigneux des gens de pied, habitués qu'ils étaient à voir la chevalerie décider des batailles, avaient dû reconnaître, bon gré mal gré, que la victoire de Crécy était l'œuvre des archers, des gens de pied d'Angleterre.

Ils le reconnurent si bien qu'à Poitiers, au moment de l'attaque, les plus fiers, les plus braves d'entre eux descendirent de cheval, voulurent eux aussi combattre à pied, concession qui dut paraître à beaucoup presque déshonorante, à laquelle ils se résignèrent toutefois, par envie de bien faire. Il faut leur en savoir gré. C'était pourtant la plus grosse faute qu'ils pussent commettre. Aux gens de trait d'Angleterre, il eût fallu opposer d'agiles fantassins, armés, équipés de même, non de lourds chevaliers empêtrés, écrasés sous le poids de leurs armures. Les nôtres se trouvèrent, par là, aussi désarmés, aussi impuissants contre les flèches des archers, que contre le premier choc des hommes d'armes anglais.

Quand l'élite de notre chevalerie vit ainsi tourner contre elle la tactique même dont elle avait espéré le succès de la journée, quand elle vit la nouvelle bataille perdue, en quelque sorte sans y pouvoir prendre part, sans y pouvoir être, malgré son bon vouloir, d'aucun secours, d'aucune utilité, comprend-on quel désarroi cela jeta dans les âmes, et comme toutes les idées, toutes les notions des choses militaires se trouvèrent bouleversées, confondues?

Nos féodaux de Poitiers n'étaient sans doute pas moins braves que leurs pères; mais, devant ces deux terribles désastres, à dix années de distance, ils sentirent d'instinct que la chevalerie avait fait son temps, qu'une ère nouvelle commençait, et cela leur fit perdre la tête.

De tout un demi-siècle ils n'oseront plus guère lutter en bataille rangée contre les Anglais. Ils n'ont plus confiance en eux-mêmes; et la nation, elle aussi, dès le lendemain de Poitiers, comprend qu'elle n'a plus à compter sur eux pour la sauver.

Peut-elle compter davantage sur la royauté, sur ces Valois qui viennent d'inaugurer si tristement la dynastie nouvelle? Philippe VI, Jean le Bon, se sont montrés aussi incapables, aussi fous l'un que l'autre.

A Crécy comme à Poitiers, c'est leur imprudence, leur impatience d'engager le combat, qui a contribué pour une large part au désastre. Il est vrai que Jean a noblement racheté sa faute. Il a refusé de se laisser entraîner dans la fuite des siens. Il a lutté jusqu'au bout, ne s'est laissé prendre qu'après une résistance héroïque; et le Prince Noir, son vainqueur, lui a généreusement concédé qu'il avait été « le mieux faisant de la journée ». Bel éloge, sans doute, suffisant à consoler le roi, non à rassurer le royaume.

Tel est toutefois chez nous le prestige du courage et du malheur, que Jean est redevenu soudain populaire. Bien qu'il ait à plaisir, depuis le commencement de son règne, par son amour désordonné des fêtes, par ses prodigalités, par ses fautes et ses excès de tout genre, compromis, ruiné le pays, tout cela est oublié. On ne songe plus qu'à plaindre, à regretter le roi captif. Il semble que, s'il était encore là, le désastre serait moins grand, moins irréparable, que lui absent, prisonnier, tout soit perdu.

Qui le remplacera en effet? Son fils aîné, le duc de Normandie? Ce jeune homme de dix-neuf ans, à figure pâle, maladive, n'inspire pas grande confiance. A Poitiers, où il commandait un corps de bataille, voyant la journée tourner mal, il s'est retiré en toute hâte. Par ordre de son père, disent bien haut ses amis, ses partisans; et les gens sages l'en approuvent. Les autres, et c'est le grand nombre, se demandent tout bas si l'ordre a été donné; si, même donné, il eût fallu le suivre. Tandis que le dauphin fuyait ainsi la bataille, suivi de deux de ses frères, les princes Louis et Jean, le dernier fils du roi, le jeune Philippe, un enfant de treize ans, était resté, lui, aux côtés de son père. Voilà où iront les sympathies de la foule, à Philippe le *Hardi*, non à ses aînés.

On se raconte aussi, on rappelle en cette occasion le vilain rôle joué, quelques mois auparavant, par le duc de Normandie, dans l'affaire de Rouen. Que le duc Charles fût secrètement d'accord avec son père, pour trahir et livrer ses hôtes, nul n'oserait l'affirmer. Il n'en est pas moins vrai qu'ils ont été pris, arrêtés à sa table, qu'il les a vu mettre et mener en charrette au *Champ du pardon,* qu'il les a escortés jusqu'au lieu du supplice, qu'il est resté là, ce à quoi nulle volonté humaine n'eût jamais dû le contraindre, quand le bourreau tranchait la tête au comte d'Harcourt et à ses trois compagnons.

Sans doute, la conscience publique ne jugeait pas alors les trahisons, les guets-apens de ce genre, comme elle les jugerait aujourd'hui. Une vie d'homme comptait pour si peu de chose à l'époque. Mais on ne pouvait pas ne pas se rappeler, au lendemain de Poitiers, les tristes conséquences qu'avait entraînées le guet-apens du 6 avril. La Normandie en partie soulevée et révoltée, la guerre civile aux portes de Paris, le roi Jean prisonnier, le pays au sud de la Loire au pouvoir des Anglais, que rien n'empêchera plus de reprendre leur marche sur la capitale, voilà ce qu'a produit l'arrestation du roi de Navarre, ce qu'on eût évité peut-être, si le duc de Normandie n'eût pas trahi ses hôtes, s'il eût su du moins les défendre, les protéger. C'est le bruit public, à Paris, en octobre 1356, que « depuis que le roi de Navarre a été emprisonné, nul bien n'est venu au roi ni au royaume, pour le péché de la prise du dit roi de Navarre. »

On comprend donc si l'opinion publique devait être bien disposée à l'égard du dauphin, au retour de Poitiers. Toutefois, par égard, par respect pour son père, le roi captif, quand il rentre à Paris, le 19 septembre, la population parisienne lui fait bon accueil. Mais elle n'a pas attendu son retour, et ce n'est pas sur lui qu'elle compte, pour réparer le mal qu'il a en partie causé. Elle ne compte que sur elle-même, et aussi sur son énergique prévôt des marchands, Étienne Marcel.

CHAPITRE II

ÉTIENNE MARCEL MET PARIS EN ÉTAT DE DÉFENSE

OUS avons peu de détails sur la vie et l'histoire de Marcel, avant 1355. Ses ennemis, qui n'ont négligé contre lui aucun genre de calomnie, ont prétendu qu'il était né de « parents étrangers et ennemis du royaume ». Il appartenait au contraire à une vieille famille de drapiers parisiens. On sait que la corporation des drapiers était, des grandes corporations de la capitale, la plus importante; et les Marcel y tenaient l'un des premiers rangs. Ces riches marchands du quatorzième siècle avaient, tout comme les nobles, leurs armoiries. Celles d'Étienne Marcel, telles qu'on les peut voir aux vitraux du nouvel Hôtel-de-Ville, traversées d'une bande d'argent,

portent trois dragons ailés d'or. Ces armes, qui constituaient comme la signature ou marque de la maison, étaient bien connues du grand commerce, en France et à l'étranger, notamment des gros drapiers flamands, avec lesquels Étienne Marcel entretenait d'actives relations commerciales.

Sa maison, située en la Cité, occupait, en face du

Palais-de-Justice, le coin de la rue de la Vieille Draperie, une de ces étroites rues entièrement démolies, entre le Pont-au-Change et le Pont-Notre-Dame, sur l'emplacement desquelles s'élève aujourd'hui le Tribunal de Commerce.

Nous ne saurions préciser au juste la date où Marcel parvint pour la première fois aux charges municipales; mais il est certain qu'il eut de bonne heure les plus hautes relations et le plus grand crédit. Sa première femme, Jeanne de Dammartin, était déjà d'illustre famille. La seconde, Marguerite des Essarts, avait pour père un des favoris de Philippe de Valois. Des trois frères d'Étienne, deux, Guillaume et Jean, vécurent dans l'intimité du dauphin Charles, fils du roi Jean, partageant ou favorisant ses plaisirs, encourageant ses folies; car, de l'aveu même de Christine de Pisan, l'enthousiaste panégyriste de Charles V, Charles ne mérita guère, en sa jeunesse, le surnom de *Sage,* que l'histoire devait lui décerner plus tard.

Nul doute qu'en ces conditions Étienne Marcel n'ait été en passe d'obtenir, de la faveur du roi Jean, ou du dauphin Charles, tout ce qu'il eût voulu rêver, désirer. Quand donc nous le verrons entrer bientôt en lutte avec cette royauté, dont il peut tout attendre, nous aurons, ce me semble, le droit de supposer que son opposition prend sa source dans l'amour le plus impersonnel, le plus désintéressé du bien public.

Ce n'est pas là évidemment un de ces ambitieux vulgaires, dont on est toujours prêt à suspecter les intentions secrètes, qu'on accuse volontiers de pousser aux révolutions, parce qu'ils y ont tout à gagner, rien à perdre. Oui, nous croyons que Marcel a été un grand ambitieux; mais sa seule ambition, du jour sans doute où il devint prévôt des marchands de Paris, fut de justifier le choix de ses concitoyens, de prouver à tous combien il était digne du poste où l'avait appelé leur confiance.

C'était une haute charge, surtout depuis un demi-siècle, que celle de prévôt des marchands. Par une série d'empiétements successifs, arrachés à la faiblesse, ou plutôt à la cupidité de nos rois, empiétements presque toujours payés à beaux deniers comptants, justifiés d'ailleurs par de réels services, rendus soit à la ville, soit au pays, les prévôts étaient devenus peu à peu les véritables maîtres de la Cité. Ils administraient ses revenus, levaient et percevaient ses impôts, veillaient à son alimentation comme à sa sécurité, réunissant dans leurs attributions multiples, avec la police de ses rues, la garde et l'entretien de ses portes et remparts.

Ajoutons que les gens des métiers, maîtres, valets et apprentis, plus directement sous la main du prévôt, lui constituaient, au besoin, une garde sérieuse, ou mieux une véritable armée.

On voit de quelle force, de quelle influence disposait la prévôté des marchands, lorsque Marcel y fut appelé, entre les années 1350 et 1355. En 1350, nous savons que son prédécesseur Hugues le Cocq était encore en charge. C'est en 1355 que le nom d'Étienne Marcel nous apparaît pour la première fois, avec la mention de son titre de prévôt. Il devait avoir alors au moins quarante ans. Car son père était mort en 1319, ayant eu encore après lui deux autres enfants, Guillaume déjà nommé et Gilles Marcel le plus jeune. On ne saurait donc placer la naissance d'Étienne, le second des fils, après l'année 1315, 1316 au plus tard.

Les curieuses miniatures du manuscrit de Charles V, reproduites plus loin, et qui représentent notre prévôt, à divers épisodes des années 1357, 1358, donnent d'ailleurs l'idée d'un homme dans toute la force, dans toute la maturité de l'âge; elles nous paraissent assez bien confirmer le calcul ci-dessus.

Les détails malheureusement nous manquent sur le rôle joué par Étienne Marcel, aux États de 1355. Nous savons seulement qu'il y fut le premier personnage de son ordre, le président élu, chargé de parler au nom du tiers, quand les États promirent au roi l'aide des cinq millions et la levée des trente mille hommes.

En outre, il suffit de parcourir l'ordonnance du 28 décembre, rédigée à la hâte par l'Assemblée, pour y retrouver la plupart des vœux, des idées, des réformes qu'Étienne Marcel devait faire triompher plus tard, un instant du moins; il est bien difficile dès lors de ne pas admettre que son influence dut être aussi considérable, aussi prépondérante en 1355 qu'elle le fut aux États ultérieurs, convoqués le lendemain du désastre de Poitiers.

Ce désastre créait au prévôt des marchands de lourds devoirs et une terrible responsabilité. Le bruit courait que l'ennemi victorieux avait repris sa marche vers la Loire et la Seine. On s'attendait à le voir paraître d'un jour à l'autre.

C'est l'honneur de Paris de n'avoir point désespéré de lui-même, de la France, en cette circonstance critique. La nouvelle du désastre y a causé moins de découragement, d'affolement, que de colère et d'irritation patriotique. Étienne Marcel d'ailleurs a, du premier jour, communiqué à tous l'indomptable énergie dont il est animé.

La tâche est rude pour mettre Paris en état de défense. La vieille muraille de Philippe-Auguste ne suffit plus à le protéger. Elle a depuis longtemps besoin d'être réparée, complétée, agrandie, surtout du côté du nord, sur la rive droite de la Seine.

Au sud, la ville savante, la ville de l'Université n'a pas franchi son enceinte, toujours assez vaste pour l'abriter et la contenir. Seuls, certains grands couvents, comme les Jacobins ou Frères prêcheurs, les Frères mineurs ou Cordeliers, adossés primitivement aux murailles intérieures, ont peu à peu débordé au dehors. Les premiers occupaient à peu près l'emplacement actuel du Panthéon et de la rue Soufflot, les seconds la rue et la place de l'École de médecine. De l'autre côté du mur d'enceinte, ils avaient commencé par planter de vastes et beaux jardins, par élever des bâtiments de dépendances, hospices, infirmeries, communs; puis, la municipalité parisienne fermant les yeux, ou autorisant la chose, ils avaient fini par ouvrir, à travers les murs mêmes de la ville, des portes de communication, qui leur donnaient accès facile dans leurs propriétés *extra muros*. Il y avait là, vu les circonstances présentes, une cause de péril grave, qu'il importait de faire disparaître au plus vite.

Sur l'ordre du prévôt, tous les bâtiments extérieurs, où l'ennemi n'eût pas manqué de se fortifier, durent être démolis; puis on compléta de ce côté, tout le long de l'enceinte méridionale, les travaux de défense, en creusant au-devant des murs de larges fossés, précaution dès longtemps reconnue urgente, et pourtant toujours négligée depuis Philippe-Auguste.

Au nord de la Seine, sur la rive droite, la tâche fut autrement difficile, et l'œuvre bien plus considérable. La ville commerçante s'est développée outre mesure, au-delà des murailles qui l'enserrent et l'étouffent. C'est donc une enceinte nouvelle qu'il faut ici tracer, élever de toutes pièces. On peut, en jetant les yeux, même sur une carte du Paris actuel, se rendre facilement compte de l'importance des travaux entrepris par Étienne Marcel. Le mur de Philippe-Auguste qui partait du Louvre, pour aboutir en face l'île Saint-Louis, formait sur la rive droite du fleuve un petit arc de cercle, dont la courbure la plus septentrionale est assez bien indiquée par la rue Mauconseil et la rue aux Ours, l'ancienne rue aux Oies. De ce côté l'enceinte fut reculée à peu près jusqu'aux grands boulevards actuels. La corde de l'arc, on le voit, doublait presque de longueur.

On comprend qu'un travail aussi gigantesque ne fut pas l'œuvre d'un jour. Il avait fallu près de trente années à Philippe-Auguste pour clore et fortifier Paris. Moins de deux ans après la bataille de Poitiers, quand Étienne Marcel fut tué, la nouvelle muraille était déjà presque achevée; Charles V plus tard n'eut en réalité qu'à y mettre la dernière main. Mais, comme il est de tradition chez nous que rien n'a pu se faire d'important, de considérable, sous la monarchie, qui n'ait été l'œuvre de la monarchie elle-même, on n'a pas manqué de donner à l'enceinte nouvelle le nom du roi. Peut-être eût-il été plus équitable de lui laisser le nom du prévôt.

En attendant que les nouveaux murs sortent de terre, qu'ils soient garnis de tours, de canons, on a, pour aller au plus pressé, barré la Seine, barricadé les rues d'énormes chaînes de fer. Les hommes valides ont été armés, enrôlés; ils s'exercent aux armes le jour, veillent aux portes la nuit. Un mois après Poitiers, Paris a l'aspect d'un vaste camp. L'Anglais peut venir maintenant, les Parisiens sont prêts à le recevoir.

Il faut lire la chronique de Jean de Venette pour voir à quel point tous sacrifices nécessaires, demandés, imposés par le prévôt, sont généreusement

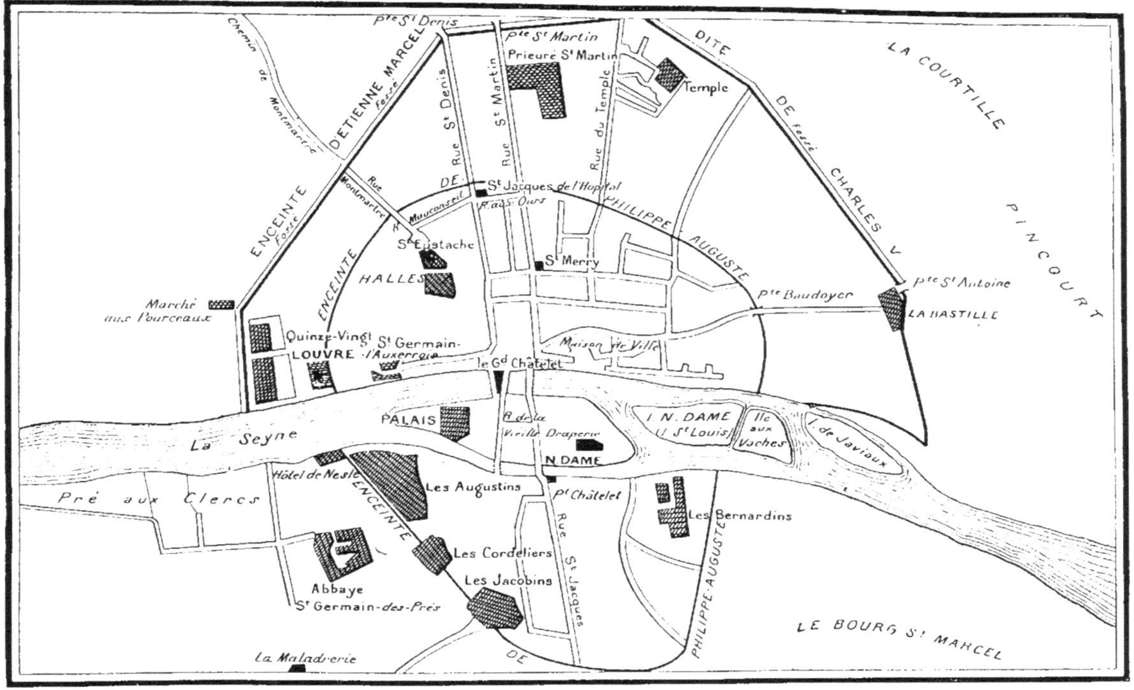

D'après le plan de *Paris en 1380*, dressé par M. Legrand pour l'*Histoire générale de Paris*.

consentis, acceptés de tous. Le bon moine appartenait peut-être à l'un de ces couvents de la rive gauche, dont il avait fallu supprimer, démolir les dépendances; on sent comme une nuance de regret mélancolique, à la façon dont il déplore les beaux jardins disparus, les belles constructions rasées et démolies; mais il est évident qu'il n'a gardé nulle rancune aux démolisseurs, loin de là. Nous le soupçonnerions plutôt de les avoir, au besoin, aidés à leur œuvre de défense nationale, d'avoir mis la main à la pioche avant de la mettre à la plume.

Pierre d'Orgemont, lui, le chroniqueur officiel de la *Grande Chronique* de Saint-Denis, le conseiller, l'ami du dauphin, n'a pas imité sur ce point Jean de Venette. Comme l'initiative des mesures de défense n'appartient pas à son maître, comme l'honneur en revient tout entier au prévôt, elles semblent l'avoir laissé fort indifférent.

De tous les grands travaux entrepris, dirigés par Marcel, de son énergie patriotique, du magnifique élan de la population parisienne, il n'a soufflé mot. On voit du coup si sa chronique, au moins en ce qui concerne la révolution de 1356-1358, mérite une absolue confiance. Sans doute, il est de tous les chroniqueurs du temps le plus précis, le plus complet, le mieux informé; mais on ne s'est pas assez demandé s'il était aussi le plus honnête, le plus véridique. On l'a suivi de préférence, presque aveuglément, sans vouloir constater, reconnaître jusqu'où il avait poussé trop souvent la partialité et la mauvaise foi. Juger Marcel d'après Pierre d'Orgemont, c'est comme si l'on prétendait juger, par exemple, le gouvernement républicain actuel, d'après des sources exclusivement monarchistes.

Comment s'étonner dès lors si l'histoire d'Étienne Marcel a été longtemps mal connue, si, malgré des travaux d'ailleurs remarquables, elle est encore, sur certains points, à refaire aujourd'hui.

CHAPITRE III

LES ÉTATS DE 1356. — LE DAUPHIN SE JOUE D'EUX ET LES RENVOIE

U moment où les travaux de Paris se poussaient avec le plus d'activité, on apprit tout à coup, de source certaine cette fois, que les vainqueurs de Poitiers, contrairement à toutes les prévisions, rétrogradaient vers Bordeaux. L'attitude résolue de la capitale y était-elle pour quelque chose, avait-elle donné à réfléchir au prince Noir? Nous n'oserions le prétendre. Dans tous les cas, elle ne put que le confirmer dans la résolution, déjà prise sans doute, dès le lendemain de la bataille.

Il semble en effet qu'à partir de ce moment le prince Noir n'ait plus qu'une préoccupation, mettre d'abord en lieu sûr son précieux captif, le roi de

France. Qui sait si la prise du roi Jean ne lui donnera pas, sans coup férir, plus qu'il n'eût été en droit d'attendre d'une victoire, de dix victoires nouvelles? Avec son insouciance, sa mobilité, sa frivolité bien connues, Jean se décidera peut-être à lâcher, pour sa rançon, mieux qu'une somme d'argent énorme, une portion même de son royaume, tout ou partie de ces provinces de l'ouest que les Anglais ne se consolent pas d'avoir perdues.

Il faudra donc essayer avant tout de s'entendre, de traiter avec le royal prisonnier. Cela vaut mieux que de courir le risque toujours incertain des batailles. De là, les longues négociations ouvertes à Bordeaux, continuées plus tard à Londres, quand le prince de Galles y eut conduit son captif.

La retraite inattendue de l'armée anglaise permit au moins aux Parisiens, après la chaude alarme des premiers jours, de reprendre haleine, de respirer, sans interrompre toutefois d'une heure les travaux de fortification et de défense.

L'état de guerre en fait subsistait toujours. Par Bordeaux ou Calais l'ennemi pouvait revenir, reparaître d'un instant à l'autre; il fallait se tenir prêt à tout hasard, lever des hommes d'armes, de quoi reconstituer une armée, trouver de l'argent pour leur solde, de l'argent aussi pour la rançon du roi. Cela ne regardait plus seulement Paris, mais le royaume tout entier.

Comme s'ils eussent pressenti qu'on aurait bientôt besoin d'eux, les députés de 1355 avaient demandé et obtenu de se réunir à la « Saint André » de l'année suivante, c'est-à-dire le 30 novembre 1356. Si le roi Jean eût été victorieux à Poitiers, il aurait sans nul doute trouvé moyen d'éluder sa promesse, d'ajourner la réunion. Elle s'imposait désormais. Le duc de Normandie ne voulut même pas attendre l'époque fixée ; il convoqua pour le 15 octobre les États généraux à Paris, les États de Langue d'Oil, comme on disait. Ceux de Langue d'Oc étaient trop loin, n'auraient pu venir à temps. D'ordinaire d'ailleurs ils se réunissaient à part.

Les États étaient la suprême ressource des mauvais jours. Nos rois n'y recouraient guère qu'aux heures de crise et de péril, quand les embarras financiers surtout devenaient trop grands, trop pressants. Car il était de tradition en France que le roi ne pouvait lever d'impôt sur ses sujets sans leur consentement. Il est vrai que le roi, sans recourir à des tailles, à des impositions nouvelles, avait mille moyens de se procurer de l'argent, ne fût-ce que par l'altération des monnaies, dont Jean en particulier avait tant usé et abusé depuis le commencement de son règne. Il est vrai encore qu'en matière d'impôts, comme en toute autre matière d'ailleurs, il n'existait aucune loi écrite, aucune Constitution ni Charte qui liât le souverain vis-à-vis de ses sujets. Ce n'en était pas moins une idée reçue, un principe admis, que l'impôt devait être volontairement, librement accordé. Il y avait là comme une sorte de contrat tacite entre le roi et la nation. Pourvu que le roi parût prendre le contrat au sérieux, les États se montraient en général de bonne et facile composition, votant ce qui leur était demandé, sans garantie même, le plus souvent, que l'argent fourni serait utilement employé.

Ainsi, on ne se gênait guère pour dire tout haut que, des cinq millions votés l'année précédente, la meilleure part avait passé aux conseillers, aux officiers du roi, à ses favoris. Il était temps d'en finir avec de pareils abus. Les députés y étaient bien résolus cette fois, lorsqu'ils se trouvèrent réunis à Paris, à la date fixée par le dauphin, le 15 octobre 1356. Sur ce point, tout le monde était d'accord, clergé, noblesse, bourgeoisie.

Jamais assemblée d'États n'avait été si nombreuse; elle comptait plus de huit cents membres. Sur ce chiffre, les députés des bonnes villes à eux seuls figuraient pour plus de moitié. L'ordre de la noblesse était le moins considérable des trois. Trop de nobles étaient restés sur le champ de bataille de Poitiers; beaucoup sans doute aussi n'avaient osé venir, redoutant l'accueil qui leur serait fait à Paris.

Cet effacement de la noblesse explique en partie le rôle prépondérant que va jouer le tiers aux États de 1356. Il y tient sans contredit le premier rang;

il les a dominés pour ainsi dire d'emblée, moins par le chiffre de ses représentants que par le crédit, l'autorité de son chef, le prévôt des marchands de Paris. Cette autorité toutefois ne se fût peut-être pas établie si vite, si incontestée, sans le généreux appui que prêta au prévôt l'un des membres les plus remarquables du clergé, l'évêque de Laon. Du jour de la réunion des États au jour du meurtre de Marcel, c'est-à-dire du 15 octobre 1356 au 31 juillet 1358, Étienne Marcel et Robert Lecoq, le bourgeois et l'évêque, ont marché constamment d'accord, la main dans la main, sans que leur entente, leur amitié se soit relâchée ou refroidie un seul instant. Une telle union si constante et solide fait honneur à l'un comme à l'autre.

Le 17 octobre eut lieu au Palais, dans la grande salle du Parlement, la séance d'ouverture des États.

Le chancelier de France, Pierre de la Forêt, commença par exposer « la prise du roi, et comment il s'était vaillamment combattu, et nonobstant avait été pris par grande infortune ». Il montra ensuite « comment chacun devait mettre grand peine à la délivrance du dit roi. » Après quoi il les requit « de par monseigneur le duc », de trouver au plus vite l'argent nécessaire à la rançon et au fait de la guerre.

Sur ce, les députés répondirent d'une voix unanime qu'ils y étaient tout disposés, mais avaient besoin d'abord « de parler ensemble sur ces choses ». Puis ils se retirèrent au couvent des Frères mineurs, aux Cordeliers, où devaient se tenir leurs séances habituelles. D'ordinaire, les privilégiés du clergé, de la noblesse, se montraient assez dédaigneux des bourgeois du tiers, et chaque ordre siégeait, délibérait à part. En octobre 1356, le péril commun supprima les distances, les distinctions de classes et de castes. Toutefois, comme une assemblée unique de plus de huit cents membres eût été par trop nombreuse, que les discussions y auraient couru risque d'être un tant soit peu confuses, on convint de choisir, dans les trois ordres, quatre-vingts commissaires ou *Élus,* lesquels auraient « pouvoir d'ordonner ce que bon leur semblerait pour le profit du royaume ».

Une telle décision était tout à l'avantage des bourgeois du tiers qu'elle mettait de pair avec leurs collègues des ordres privilégiés. Il n'est donc guère douteux qu'elle fut prise à l'instigation, sur les instances d'Étienne Marcel; il ne dut pas éprouver grande peine d'ailleurs à prouver combien elle était en soi judicieuse et pratique, combien elle serait favorable à la prompte expédition des affaires.

Les officiers et conseillers du roi, devenus les conseillers du dauphin, auraient bien voulu savoir ce qui se passait aux États. Aussi firent-ils, dès le premier jour, mine d'assister aux délibérations. Il leur fut déclaré qu'on ne délibérerait pas en leur présence, et ils durent se retirer. Ce n'était point acte de défiance ou de mauvais vouloir à l'égard du prince. L'Assemblée n'avait pas de plus grand désir que de s'entendre avec lui. Mais elle se défiait de son entourage. Elle se rappelait que les réformes promises aux États de 1355 n'avaient pas été opérées, que l'ordonnance du 28 décembre était restée lettre morte, que le cours de la monnaie notamment avait été encore une fois changé, malgré les solennels engagements pris à ce sujet par le roi en personne. Et, comme dans leur dévouement monarchique, les députés n'osaient ni ne voulaient s'en prendre au roi de cette violation de la parole royale, ils en accusaient tout naturellement ceux qui l'avaient égaré, abusé par leurs mauvais conseils. C'est à ces mauvais conseillers que l'on imputait, à tort ou à raison, tous les maux du royaume. Les États entendaient donc ne les tolérer, ne les accepter à aucun prix comme intermédiaires entre eux et le dauphin. On devine dès lors qui prendra à tâche d'exciter, d'irriter le jeune prince contre l'Assemblée.

Huit jours à peine écoulés, et rien ne transpirant encore des résolutions des *Élus*, on ne manque pas de prétendre, au Louvre, que les députés ne sont bons à rien, qu'ils perdent leur temps. Ceux qui se plaignent ainsi savent bien pourtant qu'on s'occupe d'eux, un peu plus qu'ils ne voudraient peut-être, et

3

qu'ils auront bientôt contre l'Assemblée d'autres sujets de plainte, plus personnels, sinon plus sérieux.

Vers le 25 octobre, les États ayant fait « sentir à monseigneur le duc de Normandie qu'ils parleraient volontiers à lui secrètement », le duc se rendit aux Cordeliers.

Là, les *Élus* lui déclarèrent qu'ils s'étaient entendus pour lui fournir une aide de trente mille hommes armés; mais tous étaient d'accord qu'il leur promît de son côté trois choses :

De délivrer le roi de Navarre;

D'éloigner de sa personne, et faire passer en jugement ceux de ses officiers qu'ils lui désigneraient;

Enfin d'admettre auprès de lui un conseil de vingt-huit députés, quatre prélats, douze chevaliers et douze bourgeois, sans l'avis desquels rien ne serait ordonné ni décidé.

Ils avaient commencé par lui demander sous serment de ne point révéler les dites propositions à ses conseillers ordinaires, qu'elles menaçaient directement.

Quoi qu'en dise la chronique officielle, il est probable que le dauphin jura le secret, car il ne s'en ouvrit pas tout d'abord aux intéressés, mais simplement à ses proches, à « plusieurs de son lignage ». Il devait faire connaître sa réponse le lendemain. Le lendemain, et les deux ou trois jours suivants, il se contenta d'envoyer aux Cordeliers ceux du dit lignage, priant les *Élus* « de traiter avec eux comment ils se voudraient déporter d'aucunes des requêtes qu'ils lui avaient faites ».

Les *Élus* tinrent bon, et le duc parut un instant disposé à céder. Ses proches le lui conseillaient. Il prit même jour avec les députés « afin d'ouïr tout ce qu'ils voudraient dire publiquement » ; et il convoqua le peuple en la salle du Parlement, pour le lundi, veille de la Toussaint.

Soudain, au dernier moment, il se ravisa. Jugeant par trop dures, sans doute, les concessions qu'on attendait de lui, craignant aussi peut-être les révélations ou communications publiques annoncées, il ne put se tenir d'en parler à ses conseillers ordinaires. Le résultat était facile à prévoir. Les conseillers n'eurent pas de peine à le convaincre qu'il devait repousser les demandes des États, puis s'efforcer de traîner les choses en longueur, afin d'amuser et de rompre l'Assemblée.

On était au lundi, veille de la Toussaint; le peuple emplissait déjà la grande salle du Parlement, lorsque le duc de Normandie fit prier les principaux d'entre les députés de venir le trouver en son palais. Étienne Marcel, Charles Toussac, un des échevins de Paris, l'évêque de Laon avec les deux archevêques de Lyon et de Reims, les sires de Luxembourg, de Conflans et de Pecquigny, accompagnés de plusieurs bourgeois, se rendirent à l'appel du duc. Il leur annonça qu'il venait de recevoir certaines nouvelles du roi son père qui ne lui permettaient pas de donner sur le champ la réponse promise aux requêtes; il les priait de trouver bon qu'il l'ajournât au jeudi suivant.

Si étrange que leur parût la raison invoquée, les députés consentirent à l'ajournement demandé, et le peuple averti se sépara.

La réunion du jeudi devait être esquivée de même. En effet, le lendemain de la Toussaint, c'est-à-dire le mercredi 2 novembre, les mêmes députés, ayant été convoqués au Louvre de nouveau, le duc leur signifia cette fois qu'il ne pourrait rien décider avant de s'être entendu avec le roi son père et l'empereur son oncle; qu'il comptait se rendre sous peu à Metz auprès de ce dernier, qu'en attendant les États feraient mieux de se séparer, s'en retournant « chacun dans son pays », qu'il les manderait derechef à son retour.

La ruse était trop grossière, la mauvaise foi trop évidente, pour que nul pût se méprendre aux véritables intentions du dauphin. Étienne Marcel et ses compagnons voyaient bien qu'on voulait se débarrasser d'eux et de leurs requêtes; « et ainsi était-il », avoue naïvement ou cyniquement Pierre d'Orgemont.

Avec l'influence dont le prévôt disposait alors,

l'émotion qui régnait à Paris, il n'aurait eu qu'à faire un signe; l'émeute triomphante eût vite forcé le jeune prince d'en passer par où voulaient les États. Mais Étienne Marcel et ses amis entendaient prouver jusqu'au bout leur esprit de conciliation, leur désir de ne pas pousser les choses à l'extrême; ils se résignèrent.

Le lendemain jeudi, comme les trois ordres s'étaient assemblés aux Cordeliers, Robert Lecoq leur exposa la situation, les engageant à se soumettre, mais leur recommandant aussi « de prendre copie des choses ordonnées par les *Élus* », afin d'en donner communication à ceux qui les avaient envoyés. Le pays jugerait si leur conduite avait été loyale, leurs requêtes justes.

Il savait bien qu'on ne manquerait pas d'incriminer, de calomnier leurs intentions, même les plus droites, les plus pures. Ces requêtes des États ont été, en effet, à l'époque même et de nos jours, le prétexte ou l'occasion d'accusations passionnées contre l'Assemblée de 1356, en particulier contre Étienne Marcel. Il importe donc de les examiner, afin de faire justice desdites accusations.

La délivrance du Navarrais, nous l'avons vu, était unanimement réclamée. Il semble même que le duc de Normandie, sur ce point, aurait dû aller au-devant du vœu des États, ne pas l'attendre. Son honneur s'y trouvait en quelque sorte directement engagé. C'était le meilleur, le sûr moyen de prouver qu'il n'y avait eu nulle trahison de sa part, nulle entente entre lui et son père, lors du guet-apens du 6 avril. Jusque dans son entourage, beaucoup le pressaient, le suppliaient de délivrer le roi de Navarre, les reines Jeanne et Blanche surtout, la première, veuve de Charles le Bel, la seconde, de Philippe de Valois, toutes deux proches parentes du prisonnier, l'une sa tante, l'autre sa sœur.

Tandis qu'en la circonstance les deux reines n'écoutaient que leurs affections de famille, les *Élus* de leur côté consultaient, invoquaient la raison d'État, les intérêts de l'État. En demandant réparation de la lourde faute politique, commise le 6 avril à Rouen, en voulant la réconciliation des deux jeunes princes, ils comptaient en finir avec la guerre civile navarraise, rompre les intelligences de Philippe de Navarre avec les Anglais, enlever par là à ces derniers un de leurs plus puissants alliés. On n'en a pas moins accusé les *Élus* et Marcel d'avoir voulu opposer Charles de Navarre au dauphin, d'avoir songé même à mettre un jour sur la tête du Navarrais la couronne du roi Jean; et l'on n'a vu, on n'a voulu voir, dans cette mesure toute de conciliation et de justice, qu'une misérable intrigue ou une pensée de trahison.

L'éloignement, le procès des conseillers et officiers royaux n'était de même qu'une satisfaction donnée à l'opinion publique, impérieusement exigée par elle. On les accusait de toute sorte de concussions et de malversations, « de n'avoir eu en vue, dans les conseils donnés au roi, que leur intérêt particulier, s'occupant uniquement du soin d'acquérir des possessions, d'arracher des dons excessifs, de se faire conférer les uns aux autres ou à leurs amis les dignités et les charges », enfin et surtout d'avoir détourné à leur profit une partie de l'argent levé pour la guerre.

On ne saurait trop, sans doute, aux moments de crise et de malheur public, se tenir en garde contre ces sortes de rumeurs populaires, toujours si facilement répandues et acceptées. Toutefois, il faut bien le reconnaître, concussions et malversations étaient, à cette époque, chose beaucoup plus facile, plus fréquente qu'aujourd'hui, en l'absence de tout contrôle sérieux. Les soupçons pouvaient donc à la rigueur paraître mieux fondés, l'accusation plus vraisemblable. Que demandaient d'ailleurs les États? Qu'on instruisît le procès des soi-disant concussionnaires, qu'on fît une enquête. L'enquête dirait s'ils étaient innocents ou coupables, s'ils devaient être punis ou absous. Quoi de plus légitime?

Il est vrai que l'histoire, l'histoire officielle du moins, ne présente pas les choses tout à fait de cette façon. A en croire Pierre d'Orgemont, les accusés, *même reconnus innocents,* auraient vu *leurs biens confisqués!*

Hâtons-nous d'ajouter que Pierre d'Orgemont se trouve être précisément l'un des officiers incriminés. Voilà qui devrait rendre, n'est-il pas vrai, son témoignage singulièrement suspect. Eh bien, non, l'esprit de parti est si aveugle qu'il s'est rencontré de nos jours des savants, des critiques, tout disposés à accepter les yeux fermés le texte du chroniqueur. Cette calomnie évidente, grossière, qui choque le bon sens, le sens commun, ne leur inspire pas le moindre doute, la moindre hésitation; et l'éditeur des *Grandes Chroniques de France* (Paris, Techener, 1838), arrivé audit passage, s'écrie triomphalement en note : « On voit que la *justice du peuple* était à peu près la même au quatorzième siècle et à la fin du dix-huitième! »

Il est bien plus naturel, en effet, d'accuser le peuple que de soupçonner le chroniqueur. N'en déplaise pourtant au savant éditeur des *Chroniques de Saint-Denis,* il s'est mis là bien mal à propos en frais d'indignation vertueuse ou d'ironie amère. Passe encore si la proposition était venue des seuls députés du tiers; à la rigueur il pourrait être permis de ne voir en eux que des démagogues ou d'affreux révolutionnaires. Mais il ne faut pas oublier que les deux ordres privilégiés marchent ici d'accord avec le tiers, ne font qu'un avec lui; et il est au moins étrange, on voudra bien en convenir, de considérer les barons et prélats de 1356, députés de la noblesse et du clergé, comme les ancêtres directs des montagnards de 93.

Pierre d'Orgemont aurait dû en vérité se montrer un peu plus circonspect, et s'abstenir de prêter gratuitement à de si hauts et si respectables personnages la seule pensée, nous ne dirons pas d'une pareille injustice, mais d'une pareille absurdité.

Sachons-lui gré toutefois de n'avoir pas déclaré, dans sa chronique, que les *Élus* avaient exigé tout d'abord, avant l'enquête, le supplice préalable des accusés. Il se serait certainement trouvé chez nous des lecteurs assez naïfs pour le croire sur parole. Voilà pourtant où l'on en arrive, quand on étudie l'histoire du passé, avec les préjugés, les rancunes, les passions du présent!

La troisième requête des États, pour la même raison, a été, devait être aussi mal comprise, aussi mal jugée que les deux premières. Comment, vouloir mettre à côté du prince un conseil, sans l'avis duquel rien ne pourra être fait ni ordonné! Mais c'est, du premier coup, transporter du roi aux États le pouvoir souverain! Prétention ridicule, exorbitante, que le duc Charles a bien fait de rejeter; c'eût été le triomphe de la démocratie, l'abdication de la royauté!

Laissons de côté pour l'instant la question de savoir si la souveraineté doit appartenir à la nation ou à un homme. Contentons-nous de voir les choses telles qu'elles sont, ou plutôt telles qu'elles étaient, au lendemain du désastre de Poitiers. En l'absence du roi prisonnier, le gouvernement passait de fait aux mains d'un jeune homme, presque d'un enfant. Cet enfant, ce jeune homme est devenu plus tard, il est vrai, Charles V, et nous n'entendons contester en aucune façon le mérite de Charles V, les éminents services qu'il a rendus au pays. Qu'il garde la plus large, la plus honorable place dans notre histoire, soit! Nous y souscrivons volontiers et tenons que c'est justice.

Mais en 1356, qui pouvait prévoir Charles *le Sage?* Nous avons dit que le duc de Normandie n'inspirait, ne pouvait inspirer aucune confiance. Cela aussi est juste et vrai; si juste et si vrai que Christine de Pisan elle-même s'est vue obligée d'en convenir : « Pour toucher la vérité, j'entends que jeunesse..., plus perverse qu'à tel prince n'appartient, dominait en lui en ce temps; mais je suppose que ce put être par mauvais administrateurs. Comme jeunesse est de soi incline à maints mouvements hors de raison, encore quand elle est conduite par administrateurs mauvais et sans conscience,... c'est un grand méchet et péril ».

Après un tel aveu de Christine de Pisan, qui donc

oserait soutenir que la nation, représentée en ses États, n'avait pas le droit, le devoir, de prendre contre l'inexpérience, contre les mauvais instincts du jeune prince, ses garanties et ses précautions?

Or, que de malheurs eussent été évités, si le dauphin avait consenti, provisoirement au moins, pendant la captivité de son père, à accorder les requêtes des États, comme le lui conseillaient d'ailleurs ses proches, tous ceux de son entourage, en dehors bien entendu des conseillers directement intéressés à rendre tout accord impossible, intéressés au contraire à brouiller les députés et le prince!

Si l'entente ne s'est pas réalisée, à qui la faute? Du 15 octobre, jour de leur réunion, au jeudi 3 novembre, où ils se sont séparés, les États n'ont-ils pas assez témoigné combien était sincère leur désir de vivre en bonne intelligence avec le dauphin? Même, quand il les a ouvertement joués et bernés, les renvoyant chez eux, sans qu'ils eussent rien pu faire ni rien obtenir, il se sont retirés docilement, plutôt que d'entrer en lutte ouverte avec lui. Et voilà les hommes qu'on accuse d'ambition exagérée, démesurée! En admettant qu'au point de vue politique leurs demandes fussent imprudentes, leurs prétentions chimériques, la docilité même, dont ils ne se sont pas départis un seul jour, ne prouve-t-elle pas surabondamment leur respect profond, sincère de la royauté, et combien peu ils nourrissaient l'intention secrète de l'annuler ou de la détruire?

Ils ne voulaient qu'une chose, s'entendre avec elle, afin de travailler de concert au salut du pays. Encore une fois, s'ils ne l'ont pu, à qui la faute?

CHAPITRE IV

L'AFFAIRE DES MONNAIES. — LE DAUPHIN OBLIGÉ DE RAPPELER LES ÉTATS

En congédiant les députés, le 2 novembre, le duc de Normandie leur avait promis de les rappeler sous peu. Nous savons si la promesse était sincère. Son intention bien arrêtée était au contraire de se passer d'eux à l'avenir, si toutefois il pouvait, sans eux, se procurer les aides nécessaires.

Or, les nouvelles récemment reçues du Languedoc lui donnaient à ce sujet quelque espoir. Le désastre de Poitiers, la prise du roi, avaient profondément remué le Midi, jusque-là si étranger, si hostile même parfois au reste du royaume.

Dans un premier élan d'enthousiasme et d'angoisse patriotique, les États de Langue d'Oc, réunis à Toulouse, venaient de décider que, jusqu'à la délivrance du roi Jean, tous ornements d'or et d'argent, tous vêtements de luxe ou de fantaisie, tous divertissements, danses et chansons seraient rigoureusement interdits; en plus, qu'il serait levé, pour la défense du pays, cinq mille hommes d'armes, mille sergents, deux mille arbalétriers, deux mille autres combattants, tous à cheval, dont ils s'engageaient à fournir la solde pour un an.

Le dauphin, à cette nouvelle, espéra que les villes du Nord, jalouses de rivaliser avec celles du Midi, désavoueraient leurs députés, lui voteraient, elles aussi, des subsides sans conditions. Voici pourquoi il s'était empressé de dissoudre l'Assemblée, envoyant aussitôt certains de ses officiers, par les bailliages du royaume, afin de requérir isolément l'aide des bonnes villes.

En même temps, et sans attendre leur réponse, il crut pouvoir se procurer de l'argent immédiat, en recourant au détestable moyen si souvent employé par son père, l'altération de la monnaie. Au moment de partir pour Metz, où il devait rencontrer l'empereur son oncle, il ordonna de frapper une monnaie nouvelle, qui affaiblissait encore d'environ un tiers le marc d'argent, déjà presque complètement avili par le roi Jean, au mois d'août précédent. Publication en fut faite cinq jours après son départ, le 10 décembre.

Ces changements perpétuels dans le cours de l'argent étaient, on le comprend, chose singulièrement gênante, dommageable surtout au commerce. Il n'est donc pas étonnant que la mesure prise par le dauphin ait fort ému le peuple de Paris. Étienne Marcel alla trouver le duc d'Anjou, que son frère avait laissé comme lieutenant du royaume en son absence, et lui demanda de retirer l'ordonnance relative à la nouvelle monnaie.

Le duc répondit qu'il en référerait à son conseil, et ferait connaître sa réponse, le lendemain. On était au lundi 12 décembre. Le mardi, 13, le prévôt, étant retourné au Louvre, se vit ajourné au mercredi. C'était toujours le même système de temporisation, d'atermoiements sans fin, destiné sans doute à lasser la patience des requérants.

Toutefois, quand le duc d'Anjou vit, le mercredi, Étienne Marcel accompagné d'habitants de Paris « en trop plus grand nombre que par avant », il n'osa tergiverser davantage. Il consentit que l'ordonnance fût suspendue, jusqu'à ce qu'il eût reçu les instructions de son frère. De fait, il n'en fut plus question, tant que dura le voyage de Metz.

Le dauphin avait annoncé son retour à Paris pour le 14 janvier. Le prévôt des marchands et « grand foison de bourgeois » allèrent à sa rencontre par delà la porte Saint-Antoine, afin de lui faire honneur.

Cette nouvelle marque de déférence, donnée par Marcel au jeune prince, très conforme d'ailleurs à la ligne de conduite, adoptée par lui dès le début, rend quelque peu suspecte la façon dont Pierre d'Orgemont nous raconte les événements qui suivirent :

Le 19 janvier, d'après les *Grandes Chroniques*, Marcel aurait été prié de se rendre à Saint-Germain l'Auxerrois, où les principaux conseillers du dauphin avaient à lui dire « aucunes choses de par monseigneur le duc de Normandie ». Il y trouva en effet « l'archevêque de Sens, le comte de Roussi, le sei-« gneur de Revel, monseigneur Robert de Lorris et « autres ». Ceux-ci lui signifièrent au nom du duc que, conformément à l'ordonnance du 10 décembre, la nouvelle monnaie prendrait libre cours, et qu'il eût à n'y apporter nul obstacle ou empêchement.

A quoi le prévôt aurait répondu en donnant ordre aux Parisiens de s'armer. Toujours d'après les *Grandes Chroniques,* cette révolte ouverte du prévôt modifia si bien les premières résolutions du dauphin que, par un revirement subit et complet, il se montra le lendemain aussi doux, aussi conciliant, qu'il venait de se montrer menaçant et hautain.

Le 20, en effet, de grand matin, dans la salle du Parlement, il assura en personne ceux de Paris, que, non seulement il ne gardait aucun mauvais souvenir du passé, mais qu'il était prêt à leur donner satisfaction sur tous points. Quoique le droit de faire et changer la monnaie fût un droit souverain, appartenant au prince seul, il voulait bien laisser à la réunion prochaine des États d'en ordonner, selon ce qu'ils jugeraient utile et profitable au peuple. Les États se réuniraient donc, dès que bon leur semblerait; et le duc chasserait immédiatement hors de son conseil les officiers désignés par eux, « disant outre qu'il les ferait prendre, *s'il les pouvait trouver,* en sorte que son père, quand il serait retourné, en fît bonne justice ».

Ce récit du chroniqueur, nous le répétons, nous paraît singulièrement louche.

La prise d'armes des Parisiens, leur attitude menaçante, en supposant que le fait soit exact, expliquerait à la rigueur le retrait de l'ordonnance relative aux monnaies, rien de plus. Le duc n'aurait pas été de lui-même, de gaîté de cœur, au-devant de tous les autres désirs ou exigences du prévôt. Pour qu'au retour de Metz il ait ainsi promis de livrer ses conseillers, pour qu'il se soit décidé à rappeler les États, il faut qu'il ait eu de sérieuses raisons d'agir de la sorte, raisons que Pierre d'Orgemont ne nous a pas dites, n'a pas voulu nous dire. Il est assez facile de les deviner.

Quand le duc de Normandie avait renvoyé les députés au commencement de novembre, il comptait, avons-nous dit, que ses agents près des bonnes villes lui rapporteraient les aides dont il avait besoin. Peut-être aussi espérait-il trouver quelque somme à emprunter de l'empereur son oncle. Il dut vite reconnaître combien ses espérances étaient vaines.

L'empereur Charles IV, toujours besogneux, comme tous les princes allemands, ne pouvait guère se montrer prodigue que de bons conseils. Il donna sans nul doute à son neveu celui de s'entendre avec les États, d'en passer par où ils voudraient, de le promettre tout au moins, s'il ne lui restait plus d'autre ressource. Il n'en restait plus d'autre, en effet, les bonnes villes ayant déclaré qu'elles approuvaient la conduite de leurs élus, qu'elles ne débourseraient rien, sinon d'après leur consentement et leur vote.

De là, selon toute vraisemblance, les concessions, les promesses du 20 janvier. On comprend que Pierre d'Orgemont ne tienne pas à noter cette bonne entente des États et des villes, preuve irrécusable de l'impopularité dont jouissent, par tout le royaume, lui et ses collègues, les conseillers du dauphin.

Mieux vaut laisser croire que lesdites promesses ont été arrachées par menace et violence. Le dauphin sera par là tout excusé de ne les pas tenir, s'il y trouve moyen. Aussi la chronique a-t-elle bien soin de constater, d'affirmer, que s'il a promis, il ne l'a fait que « contraint, contre sa volonté et contre raison ».

En vérité nous avons peine à comprendre les scènes étranges des 19 et 20 janvier, présentées, exposées ainsi. Nous nous imaginons que les choses ont dû se passer d'une tout autre façon. Du moment où le dauphin, revenu de Metz, reconnaissait, et ceci ne saurait faire l'ombre d'un doute, la nécessité de rappeler les États, il est clair qu'il avait tout intérêt à se concilier l'homme destiné à y jouer, comme par le passé, le principal rôle, tout intérêt à s'entendre au préalable avec Marcel, au lieu de lui rompre en visière, et de s'aliéner du même coup les Parisiens.

Que signifie, dans le récit de Pierre d'Orgemont, l'entrevue du 19 janvier? A quoi bon mander Marcel à Saint-Germain-l'Auxerrois, à quoi bon lui dépêcher tant et de si hauts personnages, s'il s'agit simplement de lui notifier un ordre du dauphin? L'entrevue au contraire s'explique de soi, si les conseillers du prince ont reçu mission de s'entendre avec le prévôt, de discuter avec lui les conditions mises au rappel des États.

Fidèle à son système de conciliation, désireux de rétablir à tout prix la bonne entente, l'union intime, si désirable entre l'Assemblée et le prince, Marcel aurait alors promis d'user de toute son influence sur ses collègues pour qu'on écartât, provisoirement au moins, deux sur trois des fameuses requêtes. On ajournera la délivrance du Navarrais, la composition du conseil souverain, chargé de partager l'autorité du duc, ou plutôt de l'exercer en son lieu et place.

Sur le seul chapitre des officiers royaux, Marcel n'avait voulu s'engager à rien, les sentant trop compromis. Nous verrons pourtant que, sur ce chapitre même, l'Assemblée devait faire un pas de plus encore dans la voie des concessions. Il était, pourtant déjà, vraiment difficile de se montrer plus conciliant, et le rôle de Marcel nous paraît ainsi bien différent de celui que lui prête le chroniqueur officiel.

Tout ceci, nous nous hâtons de le reconnaître, n'est qu'une simple hypothèse, mais hypothèse en dehors de laquelle il nous semble à peu près impossible d'expliquer d'une façon naturelle, logique, aussi bien l'entrevue du 19 et les déclarations du 20 janvier, que les résolutions ultérieures des États.

CHAPITRE V

LES ÉTATS DE 1357, ET LA GRANDE ORDONNANCE DE MARS

LES États, convoqués suivant la promesse du 20 janvier, se réunirent le 5 du mois suivant; comme dans la session précédente, ils décidèrent de tenir séance aux Cordeliers.

Sans l'accord préalable dont nous venons de parler, il est de toute évidence que le premier soin de l'Assemblée eût été de réclamer, d'exiger qu'il fût fait droit à ses requêtes antérieures. Or, nous ne voyons pas que rien de pareil se soit produit.

Énergiquement secondé, soutenu par l'évêque de Laon, Marcel avait vu triompher sa politique de concessions, et les États ratifier d'un commun accord les engagements qu'il avait pris en leur nom. Dans la séance solennelle de clôture du 3 mars, où assistèrent le duc de Normandie et ses frères, Robert Lecoq, chargé d'exposer les vœux des trois ordres, se borna à rappeler, à justifier la requête relative aux officiers royaux. Nous ne voyons pas, d'après la chronique officielle, qu'il ait fait la moindre allusion aux deux autres.

Il rappela que, si tant de malheurs étaient advenus au royaume, si tant d'abus avaient été commis, les finances mal administrées, les deniers gaspillés, la faute en devait être imputée à ceux par qui « le roi et le royaume avaient été, au temps passé, mal gouvernés...; le peuple ne pouvait plus souffrir ces choses, et les États avaient délibéré ensemble que, parmi les officiers susdits, vingt-deux seraient privés à perpétuité de tous offices royaux ».

L'évêque désigna ensuite publiquement par leurs noms les vingt-deux : en tête figurait le cardinal Pierre de la Forêt, chancelier de France, et dans le nombre, maître Pierre d'Orgemont, président au Parlement, le rédacteur des *Grandes Chroniques de Saint-Denis,* au moins pour la partie qui nous occupe.

Il n'était plus question, on le voit, ni de poursuites en justice, ni de confiscation de biens. C'est là une nouvelle preuve de modération que venaient de donner les États, mais dont Pierre d'Orgemont ne paraît pas leur savoir le moindre gré. Toute idée d'enquête restant abandonnée, il leur reproche amèrement d'avoir privé vingt-deux officiers du roi de

Cõment maistre Robert le coq-
euesque de laon prescha en parlement de par les genz des ·iij· estaz
cõment les officiers du Roy de-
uoient estre priuez de leurs
offices.

D'après le manuscrit de Charles V. Bibl. Nat., n° 2813, f. 402.

leurs charges, *sans enquête,* sans les avoir « appelés ni ouïs en aucune manière », ce qui eût été si facile pourtant, « plusieurs étant à Paris, que l'on pouvait chacun jour voir et avoir, si l'on avait quelque chose à leur dire ou demander ».

Soit! Il est assez naturel que Pierre d'Orgemont, regrettant sa charge, ait attaqué, incriminé les États, surtout s'il avait, ce que nous voulons bien admettre, conscience de l'avoir toujours noblement, dignement remplie, et que nul reproche ne lui pouvait être adressé.

Il faut croire toutefois que bon nombre de ses collègues se sentaient la conscience moins tranquille. Nous sommes en droit du moins de le conjecturer, d'après certain aveu, échappé à Pierre d'Orgemont lui-même, quelques pages plus haut. On se rappelle que, le 20 janvier, lorsque le duc avait promis de chasser de son conseil les officiers prévaricateurs, il s'était engagé par surcroît « *à les faire prendre* », afin qu'il en fût fait justice.

Or, notre chroniqueur constate que, sur le seul bruit de la promesse faite, de l'engagement pris, « *plusieurs s'absentèrent.* » Ceux-là sans nul doute redoutaient autre chose qu'une simple destitution, et auraient envisagé l'enquête avec un peu plus d'inquiétude que maître Pierre d'Orgemont.

Il fallait même qu'ils fussent bien inquiets, pour que la prudente restriction mise par le duc à sa promesse eût été impuissante à les rassurer. Ne s'était-il pas engagé à ne « *les faire prendre* » que « *s'il les pouvait trouver* » ? En conscience, ils auraient bien dû penser qu'il ne mettrait pas grande ardeur ni grand zèle à ses recherches.

Aussi les États firent-ils sagement de lui éviter cette peine inutile. Mieux avisés, ils savaient par avance qu'elles resteraient fatalement infructueuses. Ils pensèrent d'ailleurs, et on ne saurait trop les en féliciter, qu'au lieu de s'attaquer aux personnes, mieux valait s'attaquer aux abus. Ce fut là l'œuvre des États de 1357, attestée par la *Grande Ordonnance* de mars, monument impérissable de leur sagesse, surtout de leur honnêteté politique :

L'un des abus les plus scandaleux du temps, celui qui donnait lieu à des exactions sans nombre, était à coup sûr le droit de *prise,* en vertu duquel, non seulement le roi, mais tous officiers du roi, pouvaient réquisitionner à leur fantaisie, partout où ils passaient, vivres, fourrages, matelas, literie, voitures, chevaux, en un mot tout ce qu'ils jugeaient nécessaire pour leur nourriture, leur coucher, leurs voyages. On devine combien, surtout à cette époque d'arbitraire, un droit pareil, devait entraîner d'excès de tout genre, de véritables spoliations.

L'ordonnance interdit toutes prises, « *pour quelque personne que ce soit.* Chacun pourra résister à ceux qui voudront faire des prises, et reprendre, sans crainte de peine et d'amende tout ce qui lui aura été ainsi enlevé. Et si ceux, contre qui ces violences seraient exercées, n'étaient pas assez forts pour y résister, ils appelleront à leur secours leurs voisins qui s'assembleront par cri public. »

Même protection contre « les soudoyers soit français, soit étrangers », qui profitent de la guerre pour piller. Même permission de s'assembler contre eux au bruit du tocsin, de leur courir sus. « Ils ne pilleront point dans le royaume, sous peine d'être pendus ».

Si l'on a droit de s'armer contre les pillards, à plus forte raison contre les ennemis : « Toutes personnes seront armées selon leur état ». De plus, tout butin fait « sur les ennemis du royaume » appartiendra à qui l'aura pris, précaution excellente qui mettra l'intérêt d'accord avec le patriotisme, encouragera les résistances isolées ou multipliera contre l'Anglais la création des corps de partisans.

« Tant que durera la guerre, nobles et non nobles ne pourront se battre entre eux, ni ne pourront sortir du royaume, sans le congé du roi », en sorte qu'aucune force vive de la nation ne soit perdue, ou détournée de combattre l'étranger.

A cet effet aussi, les subsides votés pour les dépenses de la guerre, afin de n'être point employés à autre usage, « ne seront ni levés ni distribués par les officiers du roi, mais par des députés élus par ces trois États..., lesquels n'auront aucun égard aux ordres, de quelque part qu'ils viennent, qui pourraient leur être envoyés au contraire... Ils seront tenus de résister par voie de fait, et en employant le secours de leurs voisins, aux officiers du roi, qui voudraient leur enlever les deniers de leurs recettes ».

Comme les *Élus,* les juges devront être à l'abri des exigences du pouvoir : « Plus de pardons ni de rémissions » aux criminels puissants que la faveur royale a jusque-là soustraits trop souvent au juste châtiment de leurs crimes; plus d'impunité non plus aux riches qui payaient, suivant le vieil usage barbare, le prix du sang. Les rachats ou « compositions » de ce genre sont sévèrement interdits.

Plus de lenteurs interminables qui éternisent les procès : « Tous les juges rendront bonne et brève justice. Comme il y a devant les juges du Parlement plusieurs procès en état d'être jugés, et dont le jugement a été retardé *par la faute* des présidents, les gens du Parlement et ceux de la Chambre des enquêtes s'assembleront tous les jours, *au soleil levant,* pour travailler à ces procès *jusqu'à ce qu'ils soient tous jugés* ».

« Et ils le seront suivant le rôle des présentations ». Article remarquable, qui est comme un commencement d'égalité de tous devant la loi.

Nous ne pouvons avoir la prétention de passer

ici, même rapidement, en revue les 61 articles de la *Grande Ordonnance.* Il nous suffira d'en avoir indiqué la tendance et l'esprit. Les réformateurs ont touché à bien d'autres choses, veillé à tout, aux intérêts les plus élevés, comme les plus humbles, au domaine du roi, comme au petit champ du pauvre, aussi empressés à prévenir le démembrement de l'un, que la dévastation, la ruine de l'autre :

« Toutes les choses domaniales qui ont été aliénées ou échangées depuis le temps de Philippe-le-Bel, seront réunies au domaine... »

« Toutes garennes faites depuis quarante ans seront supprimées. »

Les idées, les réformes, se croisent, s'accumulent, sans l'espèce d'ordre, de lien que nous essayons d'y mettre, jetées pour ainsi dire au hasard, un peu pêle-mêle. On sent que le temps pressait, qu'il a fallu se hâter. La première session de 1357 n'a pas même duré un mois. Et c'est en moins d'un mois que s'est trouvé élaboré tout un admirable plan de réformes, dont Charles V plus tard n'aura qu'à s'inspirer, pour mériter le nom de *Sage.*

Charles V en effet s'est à peu près contenté de reprendre l'œuvre des États, d'appliquer leurs idées, de réaliser leur plan. Encore regrettera-t-il, au jour de sa mort, de n'avoir pas, en tout son règne, trouvé le temps et moyen de mener l'œuvre jusqu'au bout, jusqu'où la voulait mener l'Assemblée de 1357. Ce regret tardif du roi mourant, n'est-il pas le plus bel éloge de l'Assemblée, des hommes qui ont inspiré, dirigé ses travaux, de Robert Lecoq et d'Étienne Marcel, qui l'un et l'autre, sans contredit, sans conteste, y ont joué le principal rôle? N'importe! Charles V pour tous reste et restera un grand roi; Étienne Marcel, pour beaucoup, n'est et ne sera longtemps encore qu'un vulgaire *démagogue*.

Nous avons vu quelle place tiennent dans la *Grande Ordonnance* les mesures militaires. La guerre, tel est évidemment le premier souci des députés. Il va sans dire qu'ils ont, dès le premier jour, voté à nouveau les sommes nécessaires pour l'entretien des trente mille hommes, promis à la fin de l'année précédente. Les villes devront fournir un homme d'armes par cent feux, à un demi-écu de gage par jour. Nobles et gens d'église contribueront pour un dixième et demi de leur revenu.

Les États jugeront à leur prochaine réunion si les subsides ainsi levés sont suffisants. Ils ne demandent plus cette fois l'autorisation de se réunir; ils déclarent, article 5 de l'ordonnance, « *qu'ils se rassembleront* à Paris, le lendemain de la Quasimodo prochaine, pour délibérer sur le fait de la guerre... L'aide accordée par les États ne subsistera qu'un an. Les États pourront, *sans être convoqués par le roi*, se rassembler à Paris ou ailleurs, s'ils le jugent à propos, deux fois ou même plus s'il est nécessaire, depuis le lendemain de la Quasimodo prochaine, jusqu'au 1er de mars suivant, pour délibérer sur le fait de la guerre, sur l'aide *et le gouvernement du royaume.* »

Jusque-là les États n'ont pu se réunir que sur convocation royale; et le roi, le prince, quand il croit n'avoir nul besoin d'eux, se dispense de les convoquer. Les députés de 1357 veulent substituer à ce bon plaisir royal, la règle, l'usage de réunions périodiques, fréquentes, qui reviendraient d'année en année, deux, trois fois par an. Et dans ces réunions, il est entendu qu'ils ne se borneront pas à délibérer seulement sur le fait des aides; ils affirment leur droit, leur volonté, de s'occuper aussi du *gouvernement* du pays.

C'est, comme on le voit, toute une révolution : la monarchie parlementaire, réclamée, fondée quatre siècles et demi avant 89. Ce qui n'empêche pas nombre de gens, chez nous et ailleurs, de prétendre que 89 a été dans notre histoire un pur accident, une déviation, un abandon des traditions nationales. La France, à les entendre, vouée de tout temps à la monarchie absolue, serait demeurée, de tout temps aussi, ignorante ou insouciante de la liberté politique. Ne serait-ce pas eux plutôt qu'on pourrait accuser d'être demeurés toujours ignorants ou insouciants de notre histoire nationale?

Oui, sans doute, nous avons mis de longues,

trop longues années à la conquérir, d'une façon définitive, cette liberté politique. Il y a à cela bien des causes, des raisons d'ordre divers, que nous ne pouvons ni ne voulons examiner ici. Mais ne consentons jamais à croire que notre vieille France ait été une terre de servitude, destinée, résignée à la servitude. Ce serait faire à nos pères une mortelle injure. Que réclamaient donc, pour ne parler que d'eux seuls, les hommes de 1357, les contemporains d'Étienne Marcel?

CHAPITRE VI

LE DAUPHIN DÉFEND A ÉTIENNE MARCEL DE SE MÊLER DU GOUVERNEMENT

ALGRÉ l'abandon d'une partie des requêtes de 1356, malgré l'esprit de concession, de modération indéniable dont se montraient animés les États, nul doute que l'idée des réunions périodiques n'ait paru monstrueuse au duc de Normandie. Il parut pourtant l'accueillir, tout d'abord, sans la moindre objection. Comme il avait accepté la destitution des vingt-deux, il accepta de même tous les articles de l'ordonnance de mars, y compris l'article 5; il promit tout ce qu'on voulut.

En général, il lui coûtait peu de promettre; puis l'Assemblée avait peut-être acheté, payé son consentement, en décidant qu'une monnaie nouvelle serait

5

frappée, à quoi le trésor royal trouverait certainement son profit. Il est étrange de voir que le prévôt ait consenti à une telle mesure, lui qui s'était si fort élevé naguère contre l'ordonnance du 10 décembre précédent.

Il faut réfléchir toutefois qu'après les innombrables variations subies par la monnaie, pendant les six premières années du roi Jean, variations sans autre règle que le caprice du prince, il pouvait paraître assez indispensable d'adopter enfin une sorte d'étalon monétaire, de fixer d'après une base sérieuse la valeur de l'argent. Sait-on en effet combien de fois le marc d'argent a changé de valeur du 23 août 1350 au 26 mars 1357? *Quarante fois;* et dans des proportions énormes, allant de 4 à 18 livres. Il semble bien que l'idée des États ait été de créer enfin une monnaie sérieuse, qui ne fût plus sujette à de brusques changements. L'article 15 de l'ordonnance porte qu'il sera fait « une nouvelle monnaie d'or et d'argent, *suivant les patrons qui ont été remis au prévôt des marchands* », laquelle monnaie « ne sera point changée sans le conseil et consentement des États ».

Après tout, il n'est pas impossible non plus que la mesure ait été une simple concession faite au dauphin, concession qui dut alors coûter beaucoup à l'Assemblée, surtout au prévôt, mais à laquelle il se serait résigné, jugeant sans doute qu'on ne pouvait acheter, payer trop cher, l'union des États et du prince.

Maintenant que le prince a l'argent, combien l'union durera-t-elle?

Dès la fin de mars, le bruit courut à Paris que des trêves avaient été conclues à Bordeaux, lesquelles seraient sous peu suivies d'une paix définitive. Heureuse éventualité, à coup sûr prévue par le duc, attendue par lui, et dont il a dû entretenir plus d'une fois les messagers de son père.

Avec la paix, plus besoin de la levée des trente mille hommes, plus besoin du recours aux États.

Le 5 avril, quatre jours avant Pâques, sont criées et publiées dans Paris les lettres du roi Jean, annonçant les dites trêves, et défendant à la nation de payer le subside voté par les États, à ceux-ci de se réunir à l'époque indiquée, le lundi de Quasimodo.

Voilà comment on tenait les promesses du mois précédent.

On reproche souvent à Étienne Marcel, à ses partisans, de n'avoir songé qu'à *réformer,* c'est-à-dire à *bouleverser* l'État, quand leur premier, leur unique souci eût dû être de faire tête aux Anglais.

En vérité, quels sont donc ici ceux qui sacrifient, aux préoccupations purement politiques, l'intérêt de la défense nationale? C'est le roi, le dauphin qui repoussent les hommes, les subsides offerts; et pourquoi? Dans le seul but d'esquiver une réunion d'États d'ailleurs formellement autorisée, promise. On dira que soldats et subsides devenaient inutiles par le fait de la trêve. Eh quoi! Si l'on voulait que la trêve eût chance d'être suivie d'une paix sérieuse, honorable, est-ce qu'il n'était pas urgent de prouver au roi Édouard que la France était en mesure de reprendre au besoin la lutte?

Arrêter, défendre la levée des subsides, c'était se mettre pour l'avenir, pour le réglement des conditions du traité, à la merci des Anglais. Qu'importe? Il est plus urgent sans doute de s'opposer aux empiètements des États que de se prémunir contre les exigences anglaises.

Croit-on par exemple que Pierre d'Orgemont s'inquiète, se préoccupe de ce qu'il adviendra du traité futur, par suite des lettres du 5 avril? Il n'y songe guère, trop heureux, par contre, de nous montrer « comment la puissance inique des trois États en déclina et vint à néant ».

En effet, rien ne pouvait être mieux conçu, mieux imaginé, pour mettre aux prises la nation et ses élus, pour discréditer ces derniers.

Il y eut bien, en quelques endroits, à Paris notamment, nombre de gens résolus de passer outre à l'ordonnance royale, convaincus que « c'était fausseté et trahison » de vouloir, sous prétexte d'une paix encore problématique, empêcher la levée des subsides, la réunion de l'Assemblée. Le chroniqueur

De la deffense q̃ monſ. le duc
de normandie fiſt au prevoſt
des marchans qui uſurpoient
la puiſſance de gouverner le
Royaume.:-

D'après le manuscrit de Charles V, Bibl. Nat., n° 2813, f. 404.

convient que c'était là l'opinion « de la plus grande partie du peuple de Paris ».

Malheureusement, on ne pouvait espérer qu'une opinion aussi désintéressée prévalût partout. Sous couleur d'obéir au roi, on s'estimait trop heureux, non de désobéir aux États, mais de garder son argent. Les privilégiés surtout, nobles et gens d'église, maintenant que le péril pressant n'était plus là, commençaient à ressentir plus vivement l'atteinte portée à leurs privilèges. Ils s'indignaient qu'on eût osé les taxer comme de simples roturiers; tous ou presque tous avaient déjà refusé de payer. Plusieurs villes firent de même. On pouvait croire à la brouille complète, à la rupture entre les ordres privilégiés et le tiers, entre les bourgeois et leurs élus. Le duc de Normandie triomphait.

Jusqu'à la mi-août toutefois, il garda quelque mesure vis-à-vis des Parisiens, vis-à-vis de l'opinion publique, faisant mine de prendre au sérieux l'œuvre de réforme générale élaborée par les États. Puis, voyant que rien ne bougeait, il se montra plus hardi, fit venir le prévôt des marchands, lui déclara qu'il n'avait pas besoin « de curateurs », qu'il entendait gouverner seul et à sa guise désormais, lui défendant de se plus mêler du gouvernement du royaume.

Les réformes furent alors ajournées; bon nombre d'officiers ou conseillers, naguère destitués, renvoyés, revinrent, reprirent, ouvertement ou sous main, leurs fonctions.

Or, nous ne voyons pas que le prévôt ait protesté. Il eût été en droit de le faire, pourtant, plus encore qu'au 19 janvier. Il ne bougea pas; il attendait patiemment son tour, sachant que le jeune prince redeviendrait plus humble, quand de nouveau l'argent ferait défaut. On pouvait à la rigueur se passer d'hommes d'armes, on ne pouvait indéfiniment se passer d'argent. Le peu qu'en avait procuré la refonte des monnaies serait vite épuisé, s'il ne l'était déjà.

Le duc aurait dû se souvenir que, lors de son voyage de Metz, ses envoyés n'avaient rien obtenu des villes. Il s'en souvint, en effet, mais s'imagina qu'il serait plus heureux cette fois, les allant visiter en personne. Puis, il venait de les exempter de la grosse somme votée par les États; elles n'oseraient à coup sûr lui refuser dès lors le peu d'aide qu'il leur demanderait. Espoir chimérique! Le voyage de France ne fut pas plus fructueux que le voyage de Metz. Partout le dauphin trouva bourses fermées. Les bourgeois des bonnes villes voulaient bien, sur l'injonction du roi, ne pas payer ce qu'exigeaient d'eux leurs élus; mais ils entendaient ne rien payer au prince, que leurs élus n'eussent voté d'abord.

Désappointé, le duc de Normandie essaie de vendre des offices, des places, autre ressource désespérée dont nos rois usaient aussi volontiers que de l'altération des monnaies. Mince ressource, à vrai dire, dont le dauphin tire peu. Bon gré, mal gré, il lui faut bien revenir aux États, il les convoque pour le 7 novembre. A cette date, il ne lui restait plus, le chroniqueur officiel le constate, « un denier vaillant ».

Les députés, il le constaste aussi, se trouvèrent à cette session de novembre moins nombreux qu'aux sessions précédentes, nous le croyons sans peine. D'abord le zèle des privilégiés, nous l'avons vu, s'était singulièrement refroidi. Pour les bourgeois des villes, sachant qu'on les appelait par pure nécessité, avec l'intention de se jouer d'eux, si possible, comme par le passé, bon nombre sans doute jugèrent inutile de venir perdre une fois de plus leur temps à Paris.

Pourtant les trois ordres se trouvèrent encore représentés, et en nombre assez respectable, le mardi 7 novembre, jour indiqué par les lettres de convocation. Dans l'état de pénurie extrême où se voyait le duc de Normandie, « il convenait, avoue naïvement Pierre d'Orgemont, qu'il fît tout ce que les dessus dits de Paris voulaient. »

Il commença par mander près de lui l'évêque de Laon, l'ami, le confident de Marcel, s'empressa de lui donner la première place en son conseil, promettant de plus de se conduire en tout d'après son avis et celui des États. Ce n'était, en vérité, guère adroit de sa part de s'être si constamment joué d'eux pour en arriver là. Il les avait, il est vrai, toujours vus, en toutes circonstances, si dociles, si faciles, qu'il ne devait pas éprouver grande appréhension de se sentir à leur merci. Mais il y a des bornes à tout. Les députés commençaient peut-être à se lasser de ce rôle de dupes. Puis, malheureusement pour le prince, comme pour les États d'ailleurs, le lendemain même du jour où ils s'étaient rassemblés aux Cordeliers, un nouvel acteur entra en scène, qui acheva de brouiller tout.

CHAPITRE VII

LE ROI DE NAVARRE EST TIRÉ DE SA PRISON

Le roi de Navarre, après le guet-apens de Rouen, avait été successivement enfermé au Louvre, puis au Châtelet, enfin, et par défiance peut-être des Parisiens, transféré en dernier lieu au château d'Arleux, près Cambray. Ce fut de cette dernière prison que le sire Jean de Pecquigny, gouverneur au pays d'Artois, le tira dans la nuit du mercredi 8 au jeudi 9 novembre 1357.

Charles de Navarre est sans contredit l'un des princes qui ont laissé la plus mauvaise réputation dans l'histoire, et le surnom qu'elle lui a donné semble justifié de tous points, Charles *le Mauvais*.

On peut dire qu'à peine évadé de sa prison il a joué, dans les événements de 1357-1358, le plus triste rôle, cherchant à tromper, à duper tout le monde, traitant tour à tour, ou plutôt à la fois, avec le dauphin, avec les États, avec l'Anglais même, toujours prêt à trahir alliés et ennemis, et ne voyant dans la guerre civile, dans la guerre étrangère, qu'un moyen de pêcher en eau trouble.

Plus brouillon d'ailleurs que profond politique, incapable des grands desseins qu'on lui a prêtés, mais dangereux à coup sûr, par ses qualités autant que par ses défauts. Insinuant, séduisant, beau parleur, il ne pouvait manquer d'exercer une grande action sur les foules, déjà disposées en sa faveur par sa longue captivité.

On savait bien, vaguement, qu'il avait jadis réprimé avec une impitoyable rigueur une insurrection de ses sujets de Navarre; on savait aussi qu'il avait, plus récemment, assassiné ou fait assassiner le connétable de Lacerda, Charles d'Espagne. Mais la Navarre était loin, et le meurtre d'un favori du roi n'était pas pour le rendre impopulaire. Il y avait beaux jours d'ailleurs que le connétable était oublié. En novembre 1357, on ne se rappela que le guet-apens de Rouen, le long emprisonnement du jeune roi, la mort de ses amis, la trahison dont eux et lui avaient été victimes; toutes choses qui semblaient plus abominables encore, quand on songeait qu'il était du sang de France, que ceux qui l'avaient traité ainsi étaient ses proches.

Petit-fils de Louis X par sa mère, comme

Édouard l'était de Philippe le Bel, il eût pu, sans la loi salique, aspirer au trône de France, tout comme le roi d'Angleterre; aussi n'a-t-on pas manqué de lui en prêter le projet. On n'en a jamais, que nous sachions, fourni aucune preuve; tout prouve au contraire qu'au moins en 1357-1358 il n'y songeait en aucune façon. Mais ce pouvait être une arme contre lui, contre Étienne Marcel surtout. Toutes armes sont bonnes contre des adversaires. Celle-là se trouvait sous la main du duc de Normandie, il devait forcément s'en servir.

Le chroniqueur officiel toutefois n'ose pas accuser ouvertement le prévôt d'avoir été de complicité dans l'évasion du roi de Navarre. C'est là déjà presque une preuve manifeste qu'il n'avait en rien connu, approuvé, favorisé le projet de Jean de Pecquigny.

Ce qui est certain, c'est que, Charles de Navarre une fois délivré, Marcel et ses amis firent tout leur possible pour amener, pour forcer le dauphin à se réconcilier avec lui. Or, si l'on voulait que la réconciliation fût sérieuse, il fallait faire réparation complète au jeune roi pour le guet-apens de Rouen, lui rendre ses domaines, ses châteaux confisqués. Sinon, on le jetait, lui et les siens, plus que jamais, dans l'alliance anglaise, quand il y avait, pour le royaume, si grand profit à l'en détacher.

Voilà ce qu'on pensait dans le parti de Marcel;

et vraiment, y avait-il une autre conduite à tenir, plus juste d'abord, plus sage ensuite, plus franchement patriotique? Clergé, noblesse, tiers, se trouvaient unanimes à penser qu'il fallait au plus vite une réconciliation, et une réconciliation sincère. L'Université y poussait de toutes ses forces. Dans la famille royale même, nous savons qu'elle comptait de chauds partisans.

Les reines Blanche et Jeanne accoururent exprès à Paris, presser, supplier le duc Charles. Sur leurs instances réitérées, le duc accorda à son cousin un sauf-conduit, lui permettant de venir en toute sécurité à Paris.

Le 29 novembre, le roi de Navarre fit son entrée dans la capitale, mais s'en alla loger, en dehors du mur d'enceinte, à l'abbaye de Saint-Germain-des-Prés. L'évêque de Paris s'était porté à sa rencontre jusqu'à Saint-Denis, ainsi qu'un grand nombre de Parisiens. Si Étienne Marcel se fût joint au cortége, le chroniqueur n'aurait pas manqué de signaler sa présence, de lui en faire un grief. De son silence on peut inférer sûrement qu'il s'était abstenu, par discrétion, par réserve, afin de ne pas exciter la défiance toujours en éveil du duc de Normandie.

Le lendemain, 30, le roi de Navarre fit annoncer par les quartiers de la ville qu'il voulait parler au peuple; plus de dix mille personnes accoururent au Pré-aux-Clercs pour l'entendre.

De la predicaciō par paroles couuertes que le Roy de Nauarre fist ou pre aus clers a pluseurs de la ville de paris / a la fin a quoy il tendoit.

D'après le manuscrit de Charles V. Bibl. Nat., n° 2813, f. 405.

Il s'étendit longuement sur les injustices et outrages dont il avait été victime, avant et pendant sa prison, si longuement « que l'on avait dîné par Paris, quand il cessa ». De fait, le sujet prêtait. Il est certain que le roi Jean l'avait indignement traité, dépouillé, quoiqu'il en eût fait son gendre, commençant par lui dénier la dot de sa femme, lui enlevant lambeau par lambeau l'héritage de sa mère, le regardant sans doute comme un enfant sans conséquence, dont on pouvait se jouer impunément. Quand l'enfant eut montré les ongles, tué le connétable, favori du roi, on sait comment Jean se vengea. Mais on ne sait pas assez tout ce qu'il lui fit endurer dans sa prison, envoyant dix fois des sicaires qui feignaient avoir l'ordre de le tuer, puis brusquement le laissaient, après avoir fait mine de lui couper la tête.

Que le Navarrais fût sorti du château d'Arleux, aigri, exaspéré, on le comprend sans peine. Le pis, le plus dangereux, c'est qu'il était homme à cacher son irritation. Dans sa harangue du 30 novembre, il se lamenta, se plaignit plus qu'il n'accusait, par là excitant encore davantage la pitié. Il rejetait d'ailleurs le tout sur les officiers et conseillers, évitant de s'en prendre directement au roi et au duc, laissant ainsi, en dépit « d'assez de choses déshonnêtes et vilaines » une dernière porte ouverte à la conciliation.

Son discours, quoique long, lui gagna tous les cœurs; les Parisiens mirent même leurs bourses à sa disposition.

Dès le 1er décembre, c'est-à-dire dès le lendemain, le prévôt des marchands se rendit au palais; au nom des bonnes villes, il requit le duc de Normandie de faire raison et justice au roi de Navarre. L'évêque de Laon, devenu, ainsi que nous l'avons dit, principal conseiller du prince, répondit que le duc ferait au roi non seulement « raison et justice, mais toute grâce et toute courtoisie » et le traiterait « comme un bon frère » doit traiter son frère.

La réponse ne fut pas, paraît-il, du goût du dauphin; car le chroniqueur, son écho fidèle, remarque avec aigreur que l'évêque l'avait fait ainsi parler « sans lui en demander son plaisir ».

On peut en conclure qu'il n'était guère, pour l'instant, disposé à la réconciliation. Il n'avait voulu du reste ni voir ni recevoir le roi de Navarre. Il consentit pourtant, le 2 décembre, à une première entrevue, ménagée par la reine Jeanne, dans son propre hôtel; mais l'entrevue fut courte, et les deux jeunes princes se firent assez grise mine.

Toutefois le duc ne pouvait se refuser à un accord désiré par tous les gens sages, impérieusement réclamé par l'opinion publique.

Le 3 décembre, après un conseil, où avait été appelé Étienne Marcel, il fut décidé :

Que le roi de Navarre rentrerait en possession de toute la terre, de toutes les forteresses à lui appartenant au moment de son arrestation, ainsi que de tous les biens qui se trouvaient alors sur ladite terre ou aux dites forteresses;

Que les corps des victimes de Rouen seraient « dépendus publiquement », rendus à leurs amis pour être enterrés en terre bénite; et leurs terres confisquées restituées à leurs enfants et héritiers;

Enfin que le duc de Normandie pardonnerait au roi de Navarre et à tous ses adhérents « tout ce qu'ils avaient méfait au roi et au royaume de France. »

Le roi de Navarre réclamait de plus une forte indemnité en terre ou en argent; mais la question fut réservée et ajournée.

On ne saurait vraiment prétendre que Marcel et ses amis du conseil eussent sacrifié, en la circonstance, ni la dignité du dauphin ni les intérêts de la couronne. Car en droit et justice il appartenait plus au roi Charles qu'au duc de *pardonner* le passé; d'autre part, il eût été autorisé peut-être à réclamer ce qu'on lui avait retenu ou pris bien avant son emprisonnement.

Aucun accord, on en conviendra, n'eût été possible sur des bases en somme plus modérées, plus raisonnables que celles du 3 décembre. Ainsi l'entendait sans doute le prévôt, quand il disait au duc:

« Sire, faites amiablement au roi de Navarre ce qu'il vous requiert, car il convient qu'il soit fait ainsi. »

Mais le chroniqueur ne manque pas de voir là une sorte de menace, tout au moins d'injonction injurieuse, « comme s'il eût voulu dire : que vous le veuilliez ou non, la chose n'en sera pas moins faite ».

On voit par là qu'au moins du côté du duc l'accord n'était pas très sincère, ni sans arrière-pensée. Mais, habile déjà à dissimuler, il fit contre mauvaise fortune bon visage. Le traité signé, pendant trois ou quatre jours, il vit souvent le roi de Navarre, mangea plusieurs fois avec lui, soit en son palais, soit chez la reine Jeanne, ou chez l'évêque de Laon.

Ceux qui avaient travaillé à la réconciliation purent un instant se réjouir, se figurant qu'elle était sérieuse et complète. Leur joie ne devait pas être de longue durée.

L'année 1357 n'était pas écoulée, les corps des suppliciés de Rouen pas détachés du gibet, que déjà la brouille était consommée.

Le roi de Navarre tint à *dépendre* lui-même ses amis. Il se rendit au gibet de Rouen, le 10 janvier 1358, suivi d'une foule de peuple, et escorté de cent valets portant des torches, avec écussons à ses armes. Les cercueils, contenant les restes des victimes, furent conduits sur des chars, d'abord au

Champ du pardon, où les quatre avaient été décapités, puis derrière le château, où ils étaient montés en charrette pour être menés au supplice. De là, chevaliers et écuyers prirent les corps et les portèrent jusqu'en l'église cathédrale de Rouen, où le lendemain fut célébrée par l'évêque d'Avranches une messe solennelle des morts.

Ce lendemain, 11 janvier, dès le matin, le roi de Navarre avait harangué le peuple de Rouen, comme naguère celui de Paris, refaisant en substance le discours du Pré-aux-Clercs, mais insistant particulièrement sur le meurtre de ses amis, que par plusieurs fois il qualifia de « martyrs ».

Toute cette solennelle mise en scène du 10 janvier, le discours du 11 surtout, étaient plus de nature à réveiller les vieilles haines qu'à les assoupir, et à faire l'oubli sur le passé. En réalité, on n'avait rien oublié de part et d'autre, et, nous l'avons dit, l'accord ne tenait déjà plus.

Les capitaines des forteresses, jadis enlevées au roi de Navarre, refusaient pour la plupart de les lui rendre, en dépit du traité du 3 décembre. Ils déclaraient au duc de Normandie n'en pouvoir sortir que sur l'ordre du roi de France. Au nom des États, le duc armait, il est vrai, levait des hommes d'armes, mais il semblait douteux que ce fût pour les y contraindre. Le roi de Navarre en doutait du moins, armait de son côté. De tout cela qu'allait-il advenir? Des bandes armées, des Anglais selon les uns, des soldats de Philippe de Navarre selon les autres, avaient été signalés déjà, dès la fin de décembre, courant les environs de Paris. Les Parisiens n'avaient qu'à se tenir sur leurs gardes.

CHAPITRE VIII

LE DAUPHIN ATTAQUE PUBLIQUEMENT MARCEL ET LES ÉTATS

FIN d'intimider ses ennemis, quels qu'ils fussent, afin surtout de rassurer ses partisans, Marcel donna à ces derniers un moyen de se compter. Dans la première semaine de janvier 1358, il leur fit adopter, comme signe de ralliement, le chaperon mi-partie rouge et bleu. En même temps ordre était donné de garder soigneusement les portes de la ville, de n'y laisser entrer aucun homme armé, qui ne fût autorisé et connu.

Ceci n'empêcha pas qu'il y eut bientôt à Paris jusqu'à deux mille hommes d'armes, levés avec l'argent des États sans doute, mais en réalité à la disposition, sous les ordres du dauphin. Le chroniqueur officiel constate que ces deux mille hommes d'armes « demeurèrent sans rien faire, ni porter aucun profit, quand les ennemis étaient sur le pays en plusieurs lieux, pillant et volant tout ».

Il veut donner par là à entendre que le duc n'était pas libre d'en disposer à son gré, contre les ennemis du royaume. Mais les Parisiens, qui savaient le contraire, le soupçonnaient fort de les réserver contre ceux d'entre eux qui lui portaient ombrage. Ils n'en doutèrent plus après l'incident des Halles, du 11 janvier.

Le duc avait fait publier qu'il se rendrait, ce jour-là, aux Halles pour y parler au peuple. Étienne Marcel et Robert Lecoq essayèrent en vain de l'en dissuader, il tint bon. Les succès oratoires du roi de Navarre, sans doute, l'empêchaient de dormir. Il se disait qu'avec un peu d'habileté, et il n'en manquait pas, il lui serait facile, à lui aussi, d'entraîner la foule, de miner, de ruiner, dans l'esprit de la population parisienne, ceux qu'elle avait regardés jusque-là comme ses chefs naturels et ses défenseurs.

Son discours fut habile, perfide surtout. Il supplia le peuple de ne pas croire aux mauvais bruits suscités par la présence des hommes d'armes dans Paris. Il ne les avait point fait venir pour piller sa bonne ville, comme on l'en accusait faussement, mais au contraire pour défendre la capitale et le royaume. Sa seule intention était de vivre et mourir avec son peuple, qui tant avait à souffrir,

Coment mos̄ le duc/en asseurant ceuls
de paris/leur dist en plaines hales quil vouloit vivre et mourir avecques euls/et q̄ les-
gens darmes quil faisoit venir estoient pour
le bien deuls et du Royaume.

D'après le manuscrit de Charles V. Bibl. Nat., n° 2813, f. 407.

« car les ennemis étaient répandus par tout le pays, et ceux qui avaient usurpé le pouvoir n'y portaient nul remède ». Il y aurait pourvu depuis longtemps s'il avait eu « le gouvernement et la finance ». Aussi entendait-il gouverner désormais par lui-même, et savoir enfin ce qu'était devenu l'argent levé par les États au royaume de France. Pour lui, il n'en avait « ni denier ni maille, mais bien pensait que ceux qui l'avaient reçu en rendraient bon compte. »

Ces sortes d'accusations, d'insinuations, sont d'ordinaire bien accueillies des foules, et elles durent être agréables à plusieurs. Le succès du duc fut loin toutefois d'être aussi grand que l'affirme Pierre d'Orgemont. S'il eût vu, en effet, outre les hommes d'armes qu'il avait dans Paris, se ranger derrière lui « la plus grande part » de la population parisienne, il est probable qu'il n'eût pas laissé au prévôt des marchands loisir de lui répondre, de repousser les accusations formulées contre lui et les États. Il l'essaya, il est vrai, mais nous allons voir qu'il n'y put réussir.

Le lendemain 12 janvier, Marcel convoqua à son tour le peuple en l'église Saint-Jacques-de-l'Hôpital, au coin des rues Mauconseil et Saint-Denis. Le dauphin aurait bien voulu empêcher ladite assemblée de se tenir. Il se rendit en personne à Saint-Jacques, et fit là répéter par son chancelier ce qu'il avait dit la veille aux Halles. Puis, quand l'échevin de Paris, Charles Toussac, au nom du prévôt, se leva pour répondre, les partisans du duc menèrent un instant tel tapage qu'il fut d'abord impossible à l'orateur de se faire entendre. Mais ils finirent bientôt par comprendre qu'ils n'auraient pas le dessus. Le duc alors se retira avec sa compagnie, et, le silence rétabli, Charles Toussac put parler.

Laissant de côté la personne même du prince, il s'en prit aux officiers et conseillers, vainement dénoncés déjà et à tant de reprises par l'opinion publique, disant « qu'il y avait à la cour trop de mauvaises herbes, et que les bonnes ne pouvaient fructifier et amender ». Quant au fait des finances, il n'en voulait rien dire, laissant ce soin à l'avocat Jean de Saint-Aude, un des principaux contrôleurs des subsides levés par les États.

Jean de Saint-Aude prouva combien était mensongère cette affirmation du duc qu'il n'avait reçu, des subsides levés, « denier ni maille ». Il nomma plusieurs chevaliers, auxquels avaient été remis, au nom du duc, sur ordre spécial venant de lui, jusqu'à quarante et cinquante mille écus. A quoi les avait-on employés? Voilà ce qu'il demandait à son tour. Et il laissait assez entendre que l'argent avait été détourné de sa vraie destination.

Il affirma par contre que ni le prévôt ni « aucun » des États n'avait touché la moindre somme. A quoi

Charles Toussac, reprenant la parole, ajouta que le prévôt « était honnête homme, que tout ce qu'il avait fait était pour le bien et le salut du peuple », qu'il s'était attiré par là de terribles haines; mais il comptait que ceux qui étaient là présents, et autres de Paris ne l'abandonneraient pas.

L'assemblée cria alors « qu'elle le porterait et soutiendrait contre tous ». C'était la guerre ouverte, déclarée, entre le dauphin et le prévôt. On voit qui l'avait provoquée. Les deux partis se trouvent désormais en présence, en armes; les violences sont devenues inévitables de part et d'autre.

Le 24 janvier, « un valet changeur » de Paris, nommé Perrin Marc, s'étant pris de querelle avec Jean Baillet, trésorier du duc de Normandie, l'étendit mort d'un coup de couteau, puis se réfugia au monastère de Saint-Merry.

Informé sur le soir, tard, du meurtre de son trésorier, le duc en ressentit une violente colère. Il envoya Robert de Clermont, son maréchal de Normandie, avec une bande nombreuse de gens d'armes, s'emparer du meurtrier. Le couvent de Saint-Merry, en vertu de son droit d'asile, ayant refusé de livrer son hôte et fermé ses portes, les portes furent brisées, le monastère envahi, et Perrin Marc emmené de force.

Le lendemain matin, on le traîna à l'endroit même où le meurtre avait été commis; là, on lui coupa le poing, avant de le mener pendre au gibet. Puis des funérailles solennelles furent faites au trésorier Jean Baillet, auxquelles assista le duc de Normandie.

Cependant le clergé s'était ému de la violation de son privilège d'asile. L'évêque de Paris intervint, et le corps de Perrin Marc, descendu du gibet, fut ramené en grande pompe au couvent de Saint-Merry. Lui aussi eut ses obsèques magnifiques, où le prévôt se rendit « et grand foison de bourgeois parisiens ».

Ceux-ci se racontaient avec indignation que le maréchal de Normandie, pendant que l'on conduisait Perrin Marc à la potence, les avait nargués et menacés, disant que bientôt « ainsi ferait-on des plus grands et des plus suffisants de Paris ».

Étienne Marcel ne voulut pas attendre que la menace se réalisât. Il se résolut à prendre les devants.

CHAPITRE IX

LA JOURNÉE DU 22 FÉVRIER

La résolution à laquelle venait de s'arrêter Marcel était grave, si grave qu'il n'osa en assumer à lui seul la responsabilité. Les États n'étaient plus en séance. Seuls, un certain nombre de députés des villes se trouvaient encore à Paris. Marcel les réunit; puis, lui et ses amis discutèrent longuement, s'il fallait ou non rester fidèles à la politique de temporisation suivie jusqu'alors. Le parti des violents l'emporta. Les timides ou les honnêtes se retirèrent, profondément affligés, inquiets de la voie nouvelle où l'on s'engageait, la voyant pleine de périls pour l'avenir, grosse de terribles conséquences.

Le 22 février, au matin, Marcel fait armer et rassembler tous les gens des métiers de Paris; à leur tête, il se dirige vers le palais du Louvre, dont les gardiens, effrayés sans doute, n'osent lui défendre l'accès. Il pénètre jusqu'à la chambre du duc avec quelques-uns de ses compagnons armés, et s'adressant au jeune prince : — « Sire, lui dit-il, ne vous ébahissez des choses que vous allez voir, il est bon qu'il en soit ainsi ».

Ses compagnons alors se jettent sur les maréchaux de Champagne et de Normandie, qui se trouvaient là, en compagnie de beaucoup d'autres officiers. Le premier, Jean de Conflans est tué du coup. Robert de Clermont eut encore la force de se réfugier dans une chambre voisine, où on l'acheva.

Pendant que ceci se passait au palais, la foule venait de faire au dehors une troisième victime, maître Renaut d'Acy, avocat au Parlement, un des vingt-deux, naguère dépossédé de sa charge, mais qui n'en continuait pas moins de l'exercer, et ne cessait de parler « contre les États ». Reconnu il se jeta dans la boutique d'un pâtissier, où il fut poursuivi et tué.

Cependant, au Louvre, les officiers du duc s'étaient enfuis, le laissant seul. Effrayé, le jeune prince suppliait le prévôt de le vouloir sauver : — « Sire, n'ayez peur », dit Marcel; et il lui mit sur la tête son chaperon rouge et bleu, que le duc garda tout le jour, le prévôt portant et gardant de même le chaperon du duc, en fine étoffe noire, frangée d'or.

Cõment le preuost des marchans et ses aliez alerent au paleus en la Chambre de monsr le duc de normandie et la present luy tuerent les ii mareschaux de Clermont et de Champaigne.

D'après le manuscrit de Charles V. Bibl. Nat., nº 2813, f. 409.

Son émotion un peu calmée, Marcel l'assura qu'il n'avait rien à craindre, les choses faites l'ayant été pour le bien de tous, et pour esquiver de plus grands maux. Ceux qui avaient été tués étaient « faux, mauvais et traîtres », ne songeant qu'à empêcher le bon accord entre le prince et les États. Eux disparus, l'accord devait renaître. Il priait donc le duc de n'en point savoir mauvais gré à son peuple, mais d'être « tout un avec lui », d'approuver ce fait ou de le pardonner, s'il estimait qu'en pareil cas il y eût besoin de pardon.

Pardonner, le duc était bien décidé à ne le faire jamais. Il feignit pourtant de se tenir pour satisfait des excuses, des raisons du prévôt, et pria « que ceux de Paris voulussent être ses amis, qu'il serait le leur. »

Il fit même distribuer à tous ses gens, à tous ses officiers, le chaperon rouge et bleu des Parisiens. On ne vit bientôt plus d'autre coiffure par la ville, si bien qu'à en juger par les seules apparences tous semblaient être désormais d'un seul et unique parti.

Au fond, les deux partis, de la Cour et des États, ou plutôt du prince et du prévôt, subsistaient toujours, plus irréconciliables que jamais. Ce crime de Marcel, le seul que l'histoire soit en droit de lui reprocher, a été, comme tous les crimes politiques d'ailleurs, la plus lourde, la plus irréparable des fautes.

Il est vrai de dire que, depuis plus de quinze mois, le dauphin avait semblé prendre à tâche de lasser, d'exaspérer la patience populaire. Les représentants de la nation, venus à Paris le lendemain du désastre de Poitiers, animés d'intentions si honnêtes, si patriotiques, tout prêts à mettre dans les mains du dauphin l'argent, les forces nécessaires contre l'Anglais, mais convaincus aussi que le salut du pays exigeait d'importantes, d'impérieuses réformes, s'étaient vus depuis quinze mois constamment en butte à toutes les vexations, à tous les outrages.

On s'était d'abord indignement joué d'eux. Puis, comme par esprit de conciliation, ils avaient tout supporté sans se plaindre, leur patience passant pour crainte ou faiblesse, on était allé plus loin. On essayait maintenant de les déshonorer, les accusant publiquement de mettre dans leur poche l'argent de l'État; on les menaçait tout haut, on parlait de les mener pendre en place de Grève, tout comme de vulgaires malfaiteurs ou meurtriers. En attendant, les abus dénoncés subsistaient, les réformes promises étaient ajournées, les engagements pris, éludés, les promesses faites, non tenues.

Tout cela n'excuse pas sans doute les tristes événements du 22 février, mais les explique en partie du moins. Étienne Marcel et ses amis s'étaient obstinés à garder jusqu'au bout l'illusion que le mal venait, non du dauphin, mais de son entourage, des mauvais conseils qui lui étaient donnés, et auxquels il fallait le soustraire. Ils crurent qu'un exemple terrible était nécessaire, briserait toute opposition à l'avenir, que les choses iraient de soi, sans secousse, sans difficulté, dès que personne n'oserait plus se mettre entre eux et le duc.

Ce fut là l'erreur, la faute de Marcel, faute impardonnable, irréparable. Encore une fois, nous ne songeons ni à l'excuser, ni à l'atténuer. La théorie des crimes politiques nécessaires, heureusement a fait son temps. Grâce aux dures leçons de l'expérience, plus peut-être qu'aux progrès de la conscience ou de la moralité publique, on a fini par comprendre que le crime, loin de sauver les partis qui y recourent, la cause qu'il prétend servir, n'a jamais fait que les compromettre et les perdre.

Nous croyons donc qu'on ne saurait se montrer trop sévère pour les attentats politiques, surtout pour la fausse et dangereuse théorie, qui si longtemps les a justifiés et glorifiés. Mais nous croyons aussi que l'historien, vraiment équitable, impartial, ayant à juger, non plus le crime même, mais ceux qui l'ont commis, tiendra toujours grand compte du milieu où ils ont vécu, des circonstances, des passions, des mœurs et préjugés de leur temps. Il comprendra parfois alors le besoin, le devoir d'être indulgent, ressentant au-dedans plus de regret, plus de douleur, que de colère et d'indignation.

Il est facile, du fond de son cabinet, de se garder de tous excès, de toutes violences, de prêcher, même de pratiquer le devoir, et de juger, de condamner sans appel ceux qui l'ont méconnu. Quand ceux-là pourtant se sont trouvés mêlés à de terribles événements, emportés dans l'affreux tourbillon des guerres civiles et des révolutions, il faudrait se demander si l'on a droit d'être absolument implacable à leur égard.

Il faudrait surtout ne jamais apporter, dans les jugements de ce genre, deux poids et deux mesures, et si l'on est sans pitié pour les uns, ne pas se montrer plein de ménagements pour les autres.

Nous connaissons des gens qui n'ont pu pardonner à Marcel l'attentat du 22 février, qui ne peuvent en parler encore aujourd'hui sans horreur. Pour eux, l'homme qui a fait tuer, avec Renaut d'Acy, les maréchaux de Champagne et de Normandie, quoi qu'il ait fait ou tenté d'ailleurs, n'est et ne sera jamais qu'un assassin, rien qu'un assassin.

Demandez à ces mêmes gens ce qu'ils pensent du guet-apens de Rouen, et quel nom ils donneront alors au roi Jean et à son fils. Le guet-apens de Rouen, c'est à peine s'ils le connaissent, s'ils daignent s'en souvenir. Cela ne vaut pas qu'on s'y arrête. Les victimes pourtant ne sont ni moins nombreuses ni moins intéressantes; et l'attentat, par les circonstances dont il a été entouré, devrait paraître autrement odieux. Mais quoi! Jean est roi, le duc Charles fils de roi, tandis que Marcel est un révolutionnaire; on ne saurait donc le juger à la même aune, ni lui pardonner, à lui, ce qu'on pardonne volontiers aux deux autres.

Sans doute, le guet-apens de Rouen ne doit pas empêcher de rendre justice à Charles V, de se souvenir qu'il a été un grand roi; nous voudrions de même que le meurtre du 22 février 1358 n'empêchât pas de rendre justice à Marcel, qui reste pour nous, qui mérite de rester, aux yeux de tous, un grand patriote, un grand citoyen.

CHAPITRE X

LE DAUPHIN QUITTE PARIS

Le premier soin de Marcel, après la journée du 22 février, fut de rétablir l'accord entre le roi de Navarre et le duc de Normandie. Il n'avait cessé d'y travailler de toutes ses forces, rien n'étant plus urgent pour la sécurité de Paris, pour le bien général du royaume. Il s'était assuré dans ce but le concours dévoué de l'Université. Dès la première semaine de février, l'Université s'était nettement prononcée, et tout le clergé parisien avec elle. Un Jacobin, le frère Simon de Langres, avait déclaré au dauphin que cette pacification était nécessaire, qu'il fallait trouver moyen de s'entendre avec le Navarrais.

A quoi un moine de Saint-Denis, maître en théologie, et prieur d'Essonne, avait ajouté que celuides deux princes, qui refuserait de se prêter à l'accommodement voulu, verrait à l'instant tous se tourner « et prêcher contre lui ».

Bien que ce fût là une menace sérieuse, dont il fallait tenir grand compte à l'époque, le duc s'en était tiré, comme à son ordinaire, par des assurances de bon vouloir, suivies de peu d'effet, répétant au clergé, à l'Université, ce qu'il ne cessait de dire aux reines Blanche et Jeanne, que, si le traité du 3 décembre n'avait pas été exécuté, ce n'était nullement sa faute, qu'il n'y pouvait rien.

Quatre jours après le meurtre des maréchaux de Champagne et de Normandie, le 26 février, il comprit que le temps des promesses vagues était passé. Il se résolut à une entrevue avec le roi de Navarre, voulut même qu'il logeât dans son hôtel de Nesle. Au bout d'une semaine à peu près, l'entente était ou paraissait complète entre les deux jeunes princes, « qui faisaient grand semblant de s'entr'aimer ».

Quand le duc prétendait naguère qu'il ne dépendait pas de lui de remettre le Navarrais en possession de ses forteresses normandes, il est fort possible qu'il dît vrai dans une certaine mesure. Qu'il eût peu poussé les gouverneurs desdites forteresses à les rendre, la chose est plus que certaine. Mais y eût-il mis toute la bonne volonté désirable, qu'il aurait trouvé peut-être plus d'une résistance. Les capitaines ou gouverneurs, sous couleur de ne vouloir restituer leurs châteaux qu'au roi de France, pouvaient tenir à les garder pour eux-mêmes. A l'époque, cela n'aurait rien eu de surprenant.

Il fut donc convenu que le roi de Navarre recevrait en gage, ou à titre d'indemnité, les comtés de Bigorre et de Mâcon, avec la *jugerie* ou *viguerie* de Rivière.

C'était là une de ces aliénations du domaine royal, toujours fâcheuses, et que la *Grande Ordonnance* de mars avait rigoureusement proscrites. Mais mieux valait encore à coup sûr voir, entre les mains du Navarrais, ces domaines éloignés que les forteresses de Breteuil et d'Évreux, de Pont-Audemer et de Pacy.

Puis il importait si fort d'enlever toute cause ou prétexte à la guerre civile navarraise, d'enlever aussi le Navarrais à l'alliance d'Angleterre, que toutes conditions devaient paraître douces pour arriver, si possible, à ce double résultat.

Heureux d'y être parvenu, il s'en flattait du moins, Marcel eût bien voulu faire, lui aussi, sa paix sérieuse avec le dauphin, réconcilier de même le prince et Paris. Il savait que celui-ci n'avait pardonné que de bouche, non de cœur, le meurtre de ses officiers. Il s'était évidemment mépris sur les vraies raisons de ce meurtre, ne soupçonnant chez le prévôt qu'un mobile d'ambition personnelle, le seul désir, la seule espérance de pouvoir le diriger, le dominer plus sûrement, l'accusant en un mot de vouloir gouverner en son lieu et place.

Voilà ce dont Marcel eût voulu au moins le dissuader, prêt au besoin à redoubler d'égards, à prodiguer au jeune prince toutes les marques publiques de respect et de déférence. De là sans nul doute la décision prise et annoncée dans Paris le 14 mars, que le duc de Normandie, simple lieutenant du roi depuis le désastre de Poitiers, prendrait désormais le titre de *Régent du royaume.* En effet, à partir de ce jour, tous les actes publics furent publiés en son nom, sous cette formule : *Karolus primo genitus regis..., regnum regens,* Charles fils aîné du roi,... régent du royaume.

Ce changement de titre, cette sorte de satisfaction donnée aux susceptibilités du jeune prince n'était de nature ni à calmer ses ressentiments ni à contenter son ambition. Tout régent qu'il fût devenu, il se sentait contrôlé, surveillé, et il ne voulait ni contrôle, ni surveillance.

Un jour qu'il se trouvait à Saint-Ouen, des hommes armés furent aperçus rôdant autour de sa maison. L'un d'eux, Philippe de Repenti, arrêté, confessa que lui et ses amis étaient venus avec l'intention d'enlever le régent. Il fut condamné de ce fait à avoir la tête tranchée.

Qu'était-ce que ce Philippe de Repenti, et pour le compte de qui agissait-il? N'y a-t-il là qu'un attentat vulgaire, médité par une bande de malandrins quelconques? Sommes-nous en présence d'un complot politique, ou n'est-ce qu'une simple comédie concertée avec le prince, pour faire croire qu'il était bien réellement prisonnier, et amener par suite les gens à s'apitoyer sur son sort? Toutes les suppositions sont permises. Pierre d'Orgemont n'ose pas affirmer l'innocence et les bonnes intentions de Philippe de Repenti. Mais « plusieurs » y croyaient, dit-il, et que « c'était pour mettre le duc hors la puissance et les mains de ceux de Paris. »

La captivité déguisée du prince, en tous les cas, ne devait pas être bien rigoureuse, puisque nous le trouvons, le 17 mars à Saint-Ouen, le 25 à Senlis. On prétend, il est vrai, et c'est aujourd'hui une opinion assez généralement admise, que, pour gagner Senlis, le régent dut s'échapper de nuit, secrètement, trompant la surveillance de ses gardiens.

Nous craignons fort que ce ne soit encore là une des innombrables erreurs dont fourmille l'histoire du temps.

Nous voyons bien quel intérêt avait Marcel à garder le prince pour ainsi dire sous sa main. Mais, d'autre part, s'il est vrai qu'il entendait le retenir, au besoin par la force, dans Paris, s'il est vrai que le régent en ait été réduit à se cacher pour s'enfuir, comment se fait-il que nous ne trouvions aucune plainte formelle sur cette sorte de captivité déguisée, du moins aucune allusion à cette évasion nocturne, dans le chroniqueur officiel? Pierre d'Orgemont savait certainement, mieux que personne, à quoi s'en tenir sur ce point; il n'avait en outre ici aucun profit à taire la vérité, tout au contraire.

Donc, quand il se borne à nous dire que « le jour de Pâques fleuries, le régent s'en alla à Senlis », quand il nous donne ledit voyage comme la chose la plus naturelle du monde, nous ne voyons pas pourquoi nous accepterions de préférence l'autre version.

Elle est plus répandue, c'est vrai, mais uniquement peut-être parce qu'elle est plus romanesque. Nouvel exemple, entre mille, qui montre au moins combien il est resté jusqu'à ce jour, dans toute cette histoire, de points obscurs, mal établis, mal prouvés, et combien il faut se défier des opinions toutes faites, des idées admises, reçues.

Pierre d'Orgemont laisse entendre que le voyage de Senlis aurait été concerté avec le roi de Navarre, les deux princes s'étant donné rendez-vous dans cette ville. Là est peut-être la vérité et le mot de l'énigme. Que Marcel ait vu ce voyage de mauvais œil, encore une fois la chose est plus que probable; mais il n'aurait osé s'y opposer ouvertement, soit par égard pour le régent, soit par crainte du Navarrais. Ce dernier commençait déjà, selon toute vraisemblance, cette politique à double face qu'il n'a cessé de pratiquer jusqu'à la mort de Marcel, et qui ne pouvait avoir d'autre résultat que de précipiter, de consommer la rupture complète entre les Parisiens et le régent. Affectant tour à tour de se rapprocher de l'un et de l'autre parti, d'être au mieux avec l'un et l'autre, il se rendait par là sans doute suspect aux deux, mais il travaillait aussi à les séparer, à les brouiller à jamais, ce qui était le plus cher de ses vœux.

Il prévoyait que le régent, une fois sorti de Paris, s'efforcerait de n'y rentrer qu'en maître; voilà pourquoi il l'avait engagé, aidé à en sortir. Mais ne voulant pas, d'autre part, laisser croire aux Parisiens qu'il pût être pour quelque chose dans les résolutions ultérieures du duc, il s'abstint de le rencontrer à Senlis. Il prétexta une indisposition qui l'empêchait de s'y rendre.

Le régent restait donc abandonné à ses seules inspirations; il est trop facile de deviner où elles le devaient conduire.

De Senlis, il se rendit à Compiègne, puis de là à Provins, où il convoqua, pour le 9 avril, les gens d'église, les nobles et les bonnes villes de Champagne. Il pensait à coup sûr que les États de Champagne, furieux du meurtre de Jean de Conflans, leur maréchal, n'hésiteraient pas à l'aider, contre les Parisiens, d'hommes et d'argent.

Étienne Marcel vit le coup et essaya de le parer.

Il dépêcha à l'Assemblée de Provins, au nom de la ville de Paris, deux de ses dévoués partisans, Robert de Corbie et Pierre de Rosny.

Le régent ne s'attendait certainement pas à l'envoi des délégués parisiens. Il crut utile de garder certains ménagements, preuve de plus qu'il n'avait pas encore ouvertement rompu avec Marcel, et que son départ de Paris n'a pas le caractère qu'on s'accorde à lui prêter.

Au lieu de blâmer en face les meurtres du 22 février, qui auraient justifié sa prétendue fuite, son animosité contre le prévôt, il n'y fit qu'une allusion discrète, disant que, si la chose était étrange, ceux qui l'avaient résolue en donneraient sans doute de bonnes raisons, de nature à satisfaire l'Assemblée. Et il l'engageait à entendre ce que Robert de Corbie, et Pierre de Rosny avaient à lui dire « de par les bonnes gens de Paris ». Il insista d'ailleurs sur la nécessité de l'union, qui seule était capable de sauver le royaume.

Le régent, pour tenir un pareil langage, avait dû vite reconnaître qu'il s'était trompé dans ses prévisions, qu'il n'obtiendrait rien de l'Assemblée de Provins. Les villes sans nul doute y dominaient, qui voulaient continuer de faire cause commune avec ceux de Paris. On devine, en effet, à travers le vague, les réticences calculées du chroniqueur, que la réunion se sépara, déclarant n'avoir à prendre aucune décision, surtout à voter aucun subside, en dehors et en l'absence de l'Assemblée générale des États.

Ceux-ci s'étaient séparés vers la mi-février, mais en s'ajournant au 1er mai suivant. Le régent dut promettre que la session s'ouvrirait à l'époque indiquée; seulement il voulut qu'elle se tînt à Compiègne, non à Paris.

Afin de masquer l'insuccès de la réunion de Provins, on mit en avant qu'on avait dû la rompre « parce que les plus grands et les plus puissants de Champagne n'étaient pas là ».

Il est certain que, si la noblesse s'y fût trouvée en majorité, les choses se seraient passées d'autre sorte. On le vit bien, quand le comte de Brienne demanda au régent si, à sa connaissance, le maréchal de Champagne, récemment tué à Paris, avait commis aucun forfait ou vilenie, « pour laquelle on le dût avoir mis à mort ».

Le régent se hâta de répondre que Jean de Conflans, comme Robert de Clermont, l'avaient toujours bien et loyalement « servi et conseillé, et n'avait oncques su le contraire ».

A quoi répliqua le comte : « Monseigneur, nous Champenois ici présents, vous remercions de ce que vous nous avez dit, et attendons que vous fassiez bonne justice de ceux qui ont mis à mort *notre ami* sans cause ».

Il est trop clair que le comte parlait ici au nom de la noblesse champenoise, nullement au nom de l'Assemblée entière, comme le chroniqueur voudrait le donner à entendre.

C'était beaucoup déjà pour le régent de savoir qu'il pouvait compter au moins sur les nobles de Champagne. Avec leur concours, il était sûr de causer le plus grand mal aux Parisiens, de les harceler, de les affamer, quand et comme il voudrait.

Afin de mieux assurer la réussite de ce plan, déjà conçu, arrêté dans son esprit, il quitta Provins dès le 11 avril, et alla mettre la main sur les forteresses de Meaux et de Montereau. Cette dernière appartenait à la reine Blanche; le gouverneur, qui la tenait, au nom de ladite reine, n'osa résister aux ordres du régent et la livra. Quant à Meaux, le comte de Joigny y pénétra par surprise. Il avait demandé, au nom du régent, à s'y reposer un moment, avec une soixantaine d'hommes d'armes. Une fois entré, il s'établit solidement au fort ou marché de la ville, déclarant qu'il n'en sortirait plus. Le maire était au désespoir de s'être laissé duper de la sorte : « Si j'avais pu prévoir votre dessein, dit-il au comte, soyez assuré que vous ne seriez pas entré dans la ville ».

Maître de ces deux places, qui commandent les rivières de Marne, d'Yonne et de Seine, le régent pourrait désormais arrêter, empêcher de ce côté tous arrivages de vivres en la capitale. Or, si l'on songe qu'à ce moment même les bandes anglaises occupaient le pays chartrain, on voit en quelle triste situation allait se trouver Paris.

CHAPITRE XI

MARCEL S'EMPARE DE L'ARTILLERIE DU LOUVRE. — SA LETTRE DU 18 AVRIL AU DAUPHIN

LE régent attachait, et avec raison, une importance particulière à sa forteresse de Meaux. Ne la jugeant pas suffisamment armée, il donna à l'un de ses sergents d'armes, Jean de Lyons, qu'il avait laissé à Paris, ordre de lui amener secrètement l'artillerie du Louvre.

Le 18 avril, au matin, la nouvelle se répand qu'on a aperçu en Seine, près du Louvre, des bateaux pesamment chargés de munitions et de canons. Immédiatement le peuple s'émeut, arrête les bateaux, déclare qu'ils ne partiront pas. Le prévôt averti fait enlever les pièces qui sont menées à la maison de ville, en Grève.

Cette maison, sur l'emplacement de laquelle on

devait bâtir plus tard le vieil Hôtel-de-Ville de Paris, venait d'être achetée par Marcel d'un receveur des gabelles, nommé Jean d'Auxerre, lequel l'avait reçue lui-même en don du dauphin. Elle perdit dès lors son ancien nom d'*hôtel du dauphin,* pour s'appeler le *parloir aux bourgeois,* ou plus simplement la *maison de la ville.*

Quand Marcel l'eut ainsi armée et fortifiée avec les canons pris au Louvre, il s'assura du palais même, y plaça des hommes d'armes. Ce fut à cette occasion qu'il écrivit au régent sa lettre du 18 avril, lettre d'un ton si net et si ferme, si française déjà, en maints endroits, d'allure et de style, la seule malheureusement que nous ayons de lui, avec celle du 11 juillet, dont nous parlerons plus tard.

Il est étrange qu'il nous soit resté si peu de chose de la correspondance du prévôt. Elle a dû être considérable, surtout en cette dernière année 1358, où tout reposait sur sa tête, où il fut forcément en relations continuelles avec toutes nos grandes villes de France. Il est probable qu'après sa mort la plus grande partie de cette correspondance aura été détruite; et c'est une perte qu'on ne saurait trop déplorer. Mieux que la plupart des récits contemporains, elle nous eût permis de le bien connaître et juger.

Les deux seules lettres que nous possédions suffisent déjà à donner de lui une très haute idée, et très fière. C'est à M. Kervyn de Lettenhove que nous les devons. Il a trouvé la première à Bruges, la seconde aux archives d'Ypres; circonstance assez étrange au premier abord, très naturelle pourtant, vu les rapports fréquents de nos villes du moyen-âge avec les villes flamandes, vu surtout les relations personnelles de Marcel avec les riches drapiers des Flandres.

En citant ici la lettre du 18 avril, comme bientôt celle du 11 juillet, nous respecterons, autant que possible, les expressions, les phrases du texte, ne les traduisant en français moderne que là où leur forme moyen-âge les rendrait obscures, ou peu intelligibles pour quelques-uns. Car nous voudrions qu'elles pussent être lues, connues et appréciées de tous :

« Très redouté seigneur,

« Plaise vous rappeler ce dont nous étions convenus, que si aucun rapport défavorable vous était fait de nous, vous n'en croiriez rien, mais nous le feriez savoir. De même, si aucune chose nous était rapportée de vous, nous vous le ferions savoir aussi. Pour ce, très redouté seigneur, nous vous certifions en vérité que votre peuple murmure très grandement de vous et de votre gouvernement...

« Vos ennemis et les nôtres, les ennemis du

royaume nous rognent et pillent de tous côtés, surtout devers Chartres, et vous n'y mettez nul remède, vous qui l'y devriez mettre. Les soudoyers, qui sont venus à votre mandement, du Dauphiné, de Bourgogne et d'ailleurs, ne nous ont été ni à vous d'aucun honneur ni profit, mais ont mangé tout le pays, pillé et volé le peuple, quoiqu'on les ait bien payés. Et vous le savez, car plusieurs plaintes vous en ont été faites, de moi et d'autres, et vous leur deviez mander qu'ils s'en allassent en leur pays. Néanmoins, vous les tenez autour de vous, et à aucuns d'eux avez baillé à garder les forteresses de Meaux et de Montereau, qui tiennent les rivières de Seine, de Marne et d'Yonne, par où doit être nourrie et soutenue votre bonne ville de Paris, que vous aimez tant, comme avez toujours dit.

« Ainsi, vous ne mettez aucune peine à garnir les forteresses qui sont du côté de vos ennemis, mais vous avez trop bien saisi celles dont les vivres nous peuvent venir... Et encore vous dégarnissiez votre ville de Paris d'artillerie pour les forteresses de Meaux et de Montereau, garnies de gens qui ne nous veulent aucun bien. On le voit assez par les paroles qu'ils vous ont dites, et que nous savons être telles : Sire, quiconque est maître de ces châteaux se peut bien vanter que ces vilains de Paris sont en danger, et que de bien près il leur peut rogner les ongles.

« Vous plaise savoir, très redouté seigneur, que les bonnes gens de Paris ne se tiennent pas pour vilains, mais pour honnêtes et loyaux. Tels les avez trouvés et les trouverez toujours; et ils disent que ceux-là seuls sont vilains qui font les vilenies... Vous leur devez protection et défense, comme eux vous doivent obéissance et honneur; mais où manque l'un, ils ne sont tenus à l'autre... Il leur semble que vous et les gens d'armes qui sont en votre compagnie seriez mieux, pour votre honneur, entre Paris et Chartres où sont les ennemis, que là où vous êtes, qui est pays de paix et sans guerre; et aussi est vérité que les forteresses, par vous saisies récemment, étaient en gouvernement de très bonnes gens et sans aucun soupçon.

« Nous vous supplions donc très humblement, très redouté seigneur, qu'il vous plaise à venir en votre bonne ville de Paris, et lui donner protection et défense, comme faire le devez..., et avec ce remettre lesdites forteresses de Meaux et de Montereau aux mains de vos féaux et loyaux sujets, qui les tenaient par avant, afin que votre peuple de Paris n'ait sujet de s'émouvoir pour le défaut de vivres, et qu'il cesse de murmurer. Aussi vous supplions qu'il ne vous veuille déplaire, si nous avons retenu l'artillerie qui avait été emmenée déjà du Louvre par Jean de Lyons; car en vérité nous l'avons fait en bonne intention, et pour esquiver plus grands périls et maux. Le peuple en était si ému qu'il serait arrivé malheur, si nous n'étions convenus avec lui de la retenir...

« Très redouté seigneur, sur toutes les choses ci-dessus, vous plaise ordonner par telle manière, que ce soit à la louange de Dieu, à l'honneur du roi notre Sire, et au vôtre, et au profit du peuple. »

En face de lettres écrites de ce style, dira-t-on encore que nos pères n'avaient pas la conscience de leurs droits et de leur dignité d'hommes libres?

La rude franchise du citoyen n'a pas encore étouffé complètement, on le voit, le respect du sujet fidèle. Malgré les griefs si nombreux, si légitimes des Parisiens, que Marcel expose avec tant de force, on sent qu'il recule devant la responsabilité d'une lutte ouverte avec le fils de son roi. Le retour du dauphin à Paris pourrait encore la prévenir. Marcel le supplie de rentrer dans sa capitale. Nous savons en outre qu'il pria le roi de Navarre de joindre ses instances aux siennes. L'intermédiaire, il est vrai, n'était peut-être pas heureusement choisi; il est douteux que le roi Charles ait insisté beaucoup pour opérer le rapprochement désiré par Marcel. Le 2 mai pourtant il vit le régent près de Clermont en Beauvaisis. Aux premiers mots, celui-ci l'arrêta : « Il aimait sans doute sa bonne ville de Paris; mais aucuns, qui y étaient, lui avaient fait grandes vilenies et déplaisirs, comme de tuer ses gens en sa présence, de prendre son château du Louvre et son artillerie. Il était bien décidé à n'y pas rentrer, avant d'avoir obtenu réparation de toutes ces injures. »

Nous voici loin du langage de Provins; et ce n'est probablement pas l'Assemblée de Compiègne qui arrêtera la rupture.

CHAPITRE XII

NOBLES CONTRE BOURGEOIS. — PAYSANS CONTRE NOBLES. — ÉTIENNE MARCEL ET LES *JACQUES*

Nous avons dit que le duc avait convoqué les États à Compiègne. Ils s'y réunirent le 4 mai. Nous doutons fort que l'Assemblée ait été très nombreuse; et il ne paraît pas qu'elle ait tenu plus d'une séance. D'après le chroniqueur, elle aurait voté d'emblée les subsides qui lui étaient demandés. Toutefois elle se réserva de lever l'argent elle-même, d'en régler seule l'emploi, sauf un dixième, mis à la disposition du prince, pour sa dépense. Toutes précautions qui n'indiquent pas précisément un excès d'enthousiasme et de confiance.

Les États particuliers de Champagne, réunis de nouveau à Vertus, venaient de prendre, paraît-il, sur la demande du comte de Brienne, une résolution identique. Ce rôle prépondérant du comte de Brienne indiquerait assez que les députés des villes se trouvaient en infime minorité à Vertus, la noblesse formant le gros de l'Assemblée, et y faisant la loi. Il en fut de même sans doute aussi à Compiègne.

Le chroniqueur affirme bien à cette occasion que la plupart des villes tenaient pour le régent. Mais il avouera quelques pages plus loin, « qu'il y avait peu de villes qui ne fussent mues contre les gentilshommes ». Or, les gentilshommes, surtout depuis la mort des maréchaux de Normandie et de Champagne, faisant cause commune avec le régent, on voit ce qu'il faut penser de la première assertion.

Dans tous les cas, ce qui est absolument certain, c'est que la délibération, à l'Assemblée de Compiègne, ne fut ni sincère ni libre. L'ami de Marcel, son bras droit, l'évêque de Laon, s'y étant rendu, n'y put prendre séance. Les nobles menaçaient de le tuer. Il n'eut que le temps de s'enfuir, de gagner Saint-Denis où il ne se crut pas même en sûreté. On l'avait poursuivi jusque là, et les Parisiens durent l'y aller chercher en force, pour le ramener à Paris.

Si malgré son caractère religieux, son titre d'évêque, Robert Lecoq se voyait traité, menacé de la sorte, on peut juger du traitement que réservaient aux bourgeois des villes, à la bourgeoisie parisienne en particulier, le régent et ses amis. C'était bien la guerre cette fois, sans pitié ni merci.

On voit que le conflit, élevé dans le principe entre les États et la royauté, c'est-à-dire entre la nation tout entière et le prince, a changé de caractère. La lutte politique contre l'absolutisme royal s'est compliquée d'une lutte de castes ou de classes. Par la défection de la noblesse, ralliée au dauphin en haine de la bourgeoisie, celle-ci reste seule désormais à défendre contre tous la cause des libertés publiques. Si lourde que fût la tâche, Paris l'accepta bravement. Il se mit en devoir de se défendre à la fois contre ses ennemis du dehors et contre ceux du dedans, ces derniers non les moins dangereux.

A la fin de mai, un premier complot fut découvert. Le maître du pont de Paris, Jean Péret, le maître charpentier du roi, Henri Métret, s'étaient entendus avec quelques-uns des partisans du régent; ils devaient introduire secrètement un corps de troupes royales dans la ville. Les deux furent décapités, leurs corps écartelés ensuite en place de Grève. Marcel espérait par là décourager à l'avenir les trahisons.

Cependant, les nobles, accourus en foule autour du régent, commençaient ou plutôt continuaient leur œuvre de destruction, de dévastation autour de la capitale, heureux de la guerre civile qui donnait pleine satisfaction à leurs instincts pillards, qui livrait à leur merci les riches environs de Paris.

Mais au moment même où ils se précipitaient ainsi à la curée, un allié inattendu arriva aux Parisiens. A la lutte engagée entre la bourgeoisie et la noblesse, au moins autant qu'entre Paris et le régent, *Jacques Bonhomme* le paysan entendait prendre sa part.

Nous n'essaierons pas de dire ici quelle était à cette époque la misère du paysan. Le tableau vrai, saisissant, en a été fait trop de fois pour qu'il soit nécessaire de le reproduire. Il s'est formé pourtant de nos jours une école historique, qui a vu ou voulu voir dans le moyen âge une sorte d'âge d'or de la France. Les historiens de ladite école, à l'aide d'un certain nombre de documents inédits, chartes, contrats de vente ou de donation, ont prétendu dresser l'inventaire exact de l'état matériel et moral du pays; et ils ont découvert que la campagne en ce temps-là était plus heureuse, plus riche qu'aujourd'hui.

Ce que nous savons, nous, ce que nous avons appris des chroniqueurs contemporains, aussi bien ceux du onzième que ceux du quatorzième siècle, c'est que cet âge d'or prétendu a été pour nos malheureuses populations des campagnes un véritable enfer; c'est que la guerre de pays à pays, de roi à seigneur, de château à château, y était à l'état permanent, traînant après elle son cortége obligé de désolations, de ruines, de misère, de famine. Ce que nous savons, c'est qu'à maintes époques ces paysans si heureux mouraient de faim par les champs, par les chemins, qu'au temps des guerres anglaises, notamment, bon nombre n'osaient plus habiter leurs villages, rester en leurs maisons, mais se cachaient en des souterrains, ou fuyaient au fond des bois comme les bêtes.

Pendant des siècles, *Jacques Bonhomme* a tout souffert, sans se plaindre, insulté, battu, rançonné, sans fin ni trêve, sans pitié ni miséricorde. Souffre-douleurs de tous, c'est sur lui que retombe tout le poids des guerres éternelles. Contre l'homme d'armes, le noble, le seigneur batailleur et pillard, contre l'Anglais, les villes peuvent encore s'entourer de murailles, se mettre à l'abri des surprises. Lui, le paysan, ne peut rien. Il n'a ni moyen, ni droit de se défendre, pas même contre les loups qui pullulent alors, qu'il redoute d'ailleurs et déteste moins que les hommes.

Et l'on s'étonne que ces souffrances accumulées aient engendré à la longue des colères terribles, des haines sauvages; on s'étonne que ces colères, ces haines si longtemps contenues, comprimées, aient fait enfin explosion ! Ce dont, hélas, il faudrait s'étonner, c'est que l'explosion ne soit pas venue plus tôt, n'ait pas été plus terrible, plus sauvage encore.

Dans les derniers jours de mai, ou au commencement de juin 1358, les paysans du Beauvaisis se soulevèrent. En un clin d'œil le mouvement s'étendit, l'incendie gagna, de proche en proche, toute la Brie. Incendie est le mot, car, partout où éclate la *Jacquerie,* les châteaux, les maisons des nobles flambent. Le premier moment fut atroce. Les *Jacques,* qui n'ont trouvé jamais nulle pitié, n'en gardent aucune. Femmes, enfants de nobles, qui leur tombent sous la main, sont impitoyablement égorgés, massacrés. On a dit que les *Jacques* s'étaient conduits comme des bêtes féroces, non comme des hommes. Des hommes! Est-ce qu'on les avait eux-mêmes jamais traités, considérés comme tels? On ne voyait en eux que des bêtes de somme. La bête de somme était devenue bête fauve.

On ne saurait trop déplorer sans doute les atrocités commises; mais il faut les déplorer plus que s'en indigner, plus que s'en étonner surtout. On les avait, comme à plaisir, à force de provocations, rendues inévitables.

La *Jacquerie,* au moment où elle éclata, arrivait trop à point pour que l'esprit de parti n'en ait pas rendu Marcel responsable.

Il faut s'entendre sur ce point. Veut-on dire qu'il l'a provoquée? On n'a pas encore été jusque-là, on y viendra peut-être, et nous l'accepterions volontiers. Quand il serait en effet établi, démontré, que le soulèvement des paysans, au lieu d'être un accident

Du cōmencement ⁊ premiere assem-
blee de la mauuaise Jaquerie de -
biauuoisin.

L'après le manuscrit de Charles V. Bibl. Nat., nº 2813. . 414.

fortuit, une explosion irréfléchie et subite, provoquée par l'excès de la misère, a eu pour cause, pour cause unique, les excitations, les sollicitations de Marcel ou de ses agents, qu'en voudrait-on conclure?

Il avait le droit sans doute, la guerre engagée, malgré lui, de se chercher des alliés, le droit de dire aux paysans des environs de Paris : « Voyez ces nobles qui ravagent, qui dévastent vos campagnes, ce sont vos ennemis et les nôtres ; nos intérêts sont communs, notre cause est commune, unissons-nous. » A coup sûr, ce n'est pas l'idée même de l'alliance, l'idée en soi qui serait blâmable, qu'on oserait incriminer. Qu'est-ce donc alors?

Veut-on prétendre que Marcel a conseillé, approuvé les excès, les crimes de la *Jacquerie?* On ne l'oserait pas, car on sait bien le contraire. Mais sa faute, dit-on, est de ne pas les avoir prévus, de s'être allié à des gens capables de les commettre. Quoi qu'il dise et fasse, il doit en garder devant l'histoire sa part de responsabilité.

Les gens vertueux, qui raisonnent de la sorte, ne se doutent guère où les conduirait la logique rigoureuse de leur raisonnement, s'ils le poussaient jusqu'au bout.

Il ne faut pas oublier en effet quelle a été la contre-partie de la *Jacquerie,* si heureuse, si inattendue. En prenant pour la première fois contre le noble conscience de sa force, le paysan a senti, pour la première fois aussi, s'éveiller en lui le sentiment national. Il a vite compris qu'il avait, à côté des nobles, avant les nobles, d'autres ennemis à combattre, et il remplaça son cri de guerre sauvage : *guerre aux châteaux!* par le cri patriotique : *guerre à l'Anglais!*

De là cet admirable élan des résistances locales, qui s'organisent au lendemain de la *Jacquerie*, et presque à l'endroit même où elle était née. De là, les exploits héroïques de Guillaume l'Alouette, du grand Ferré, de tous ces héros obscurs, qui ont si noblement expié les exploits sauvages des premiers *Jacques*, leurs frères.

Puisque vous faites honte à Marcel des crimes de la *Jacquerie*, faites-lui donc alors, si vous êtes justes, honneur aussi de l'explosion de patriotisme qui l'a suivie et rachetée. Vous le devriez d'autant plus, avec d'autant plus de raison, que la première pensée, le premier germe de ce soulèvement national se trouve à coup sûr dans la *Grande Ordonnance* de mars 1357, qui est en partie son œuvre.

A notre avis pourtant, Marcel ne mérite en réalité ni cet excès d'honneur, ni cet excès de honte. Nous croyons plus équitable de laisser à nos paysans l'honneur entier de leur lutte héroïque contre l'Anglais, comme aussi la responsabilité entière de leurs excès contre la noblesse.

Que Marcel ait vu dans ces paysans révoltés des alliés naturels, qu'il ait, sinon provoqué leur révolte, du moins essayé d'en tirer parti, cela était fatal, inévitable. Ajoutons que rien n'était plus honorable, ni plus légitime. Car le meilleur moyen précisément d'arrêter leurs excès eût été de les rallier, de les associer à sa cause, de les encadrer dans ses milices parisiennes. Or, voilà précisément ce qu'il essaya de faire, quand il voulut, avec l'aide des paysans de Brie, reprendre la forteresse de Meaux au dauphin.

Le 9 juin, il envoya un corps de trois cents hommes rallier les *Jacques* des environs de Meaux, et tous s'acheminèrent en assez bon ordre vers la ville. Marcel savait que le maire, Jean Soulas, lui était tout dévoué.

Il ouvrit en effet aux Parisiens et à leurs alliés les portes de sa ville, « fit mettre les tables et les nappes parmi les rues, le pain, le vin et les viandes dessus; et burent et mangèrent tant qu'ils voulurent, et se rafraîchirent. Et après se mirent en bataille, allant vers le marché de la ville de Meaux, auquel était la duchesse de Normandie, et la sœur dudit régent, appelée madame Isabelle de France », ainsi que grand nombre d'autres nobles dames et demoiselles.

Il est bien clair que Marcel avait dû donner les ordres les plus formels, pour qu'en prenant le château on épargnât les prisonniers, du moins les prisonnières. Il avait trop intérêt à garder par devers lui de si précieux otages. La frayeur toutefois était grande au marché de Meaux, car la garnison y était peu nombreuse. Heureusement pour elle, un secours inespéré lui arriva. Le comte de Foix et le captal de Buch, revenant de la croisade contre les Prussiens, passaient par Châlons, quand ils apprirent l'attaque dirigée contre la forteresse de Meaux. Bien que le captal de Buch fût au service d'Angleterre, il était trop bon gentilhomme pour n'aller pas secourir contre les vilains les nobles dames et demoiselles de France. La garnison renforcée ne craignit plus alors d'ouvrir ses portes et de courir sus aux assaillants. Les chevaliers « se mirent au-devant de ces vilains, noirs et petits et très mal armés, et lancèrent à eux de leurs lances et de leurs épées. Ceux qui étaient devant reculèrent de hideur et tombaient les uns sur les autres. Alors se mirent les gens d'armes hors des barrières et les abattaient à grands monceaux et les tuaient ainsi que bêtes et les refoulèrent hors la ville. Ils en mirent à fin plus de sept mille ».

Ces paysans de Brie, si durement malmenés à l'attaque du marché de Meaux, ne sont plus ici des incendiaires, des assassins, mais bien des combattants, des soldats. Voilà ce que Marcel eût voulu faire de tous les *Jacques*. Il avait, dès le premier jour,

Cy parle de bataille a meaux-
en brye, ou les Jacques furēt
desconfitz par le cōte de foix.
⁊ le captal de beus. –

D'après le manuscrit de Froissart, Bibl. Nat., n° 2643, f. 226.

envoyé ses émissaires dans le Beauvaisis, afin de les enrôler, de les enrégimenter, sous condition qu'ils cesseraient leur guerre d'extermination, de pillage, faisant crier « en plus de soixante villes, défense de voler, d'abattre et brûler maisons de nobles, de tuer femmes et enfants de gentilshommes ; car il aurait mieux aimé *être mort* que d'approuver de pareilles choses ».

Marcel aura beau faire et beau dire : pour nombre de gens, chez nous, les révolutionnaires seront toujours forcément capables et coupables de tous les crimes ; il restera donc, malgré tout, complice des *Jacques* qu'il a désavoués, responsable des horreurs qu'il a voulu empêcher.

Le parti du régent ne manqua pas de les exploiter contre lui. La noblesse du temps avait de son côté trop intérêt à confondre bourgeois et paysans. La *Jacquerie* lui fut un excellent prétexte pour excuser et justifier ses propres excès, les atrocités qu'elle avait déjà commises ou qu'elle allait commettre.

CHAPITRE XIII

LETTRE DE MARCEL AUX VILLES DE FLANDRE. — LE ROI DE NAVARRE, CAPITAINE-GÉNÉRAL DE PARIS.

L'AFFAIRE de Meaux avait vite dissipé la stupeur un moment causée par la révolte inattendue des *Jacques*. Les nobles reprirent courage. Le roi de Navarre leur rendit d'ailleurs un signalé service. Il les débarrassa de Guillaume Callé, le principal chef de la *Jacquerie*. Ce Guillaume Callé était un brave et hardi compagnon, qui peut-être valait mieux que les siens, et eût mérité meilleure fortune. Il comprenait, comme Marcel, la nécessité d'organiser, de régulariser le mouvement. S'il faut même en croire une chronique du temps, qui paraît bien informée, la *Chronique des quatre premiers Valois*, c'est lui qui aurait fait les premières ouvertures à Marcel, prenant ainsi l'initiative du projet d'union entre la campagne et les villes.

Le roi de Navarre, qui se trouvait alors à Clermont en Beauvaisis, lui proposa une entrevue. Guillaume Callé espéra sans doute pouvoir s'entendre avec ce roi, qui en toutes circonstances affectait de se montrer l'ami des petites gens; peut-être aussi, honnête et naïf, crut-il sans hésitation, sans défiance, à une parole de gentilhomme, une parole de roi. Il se rendit à l'entrevue proposée, où il fut traîtreusement mis à mort.

Le chef disparu, les bandes ne tinrent guère. Que pouvaient, contre les hommes de guerre, ces malheureux, mal armés, indisciplinés? La cavalerie féodale les écrasa, les broya sous les pieds de ses chevaux. Ce fut pendant quelques jours une vraie boucherie, une chasse à l'homme. Le chroniqueur officiel compte qu'à la Saint-Jean on avait bien tué vingt mille *Jacques* et plus.

La bourgeoisie ne fut pas mieux traitée, ni plus épargnée que les paysans. Après l'affaire du 9 juin, les nobles avaient commencé par mettre le feu à la ville de Meaux. L'incendie dura plus de quinze jours. Nombre d'habitants, hommes et femmes, des plus riches sans doute, furent jetés en prison d'où ils ne durent sortir que bien et dûment rançonnés. Quant au maire Jean Soulas, inutile de dire qu'il fut exécuté « comme droit était », a soin d'ajouter le chroniqueur.

Mis en goût par le pillage et l'incendie de Meaux,

les nobles entreprirent de traiter de même les villes voisines. Senlis leur ayant ouvert ses portes à la première sommation, ils s'avancèrent l'épée haute, croyant tout avoir à leur merci. Mais, comme ils criaient déjà « ville gagnée ! » tout à coup, de lourds chariots chargés de pierres, lancés du haut de la pente raide de la grande rue, renversent chevaux et cavaliers. Les bourgeois armés sortent des maisons, l'huile bouillante pleut des fenêtres. Les fiers assaillants tournent le dos, honteux, déconfits, laissant sur la place bon nombre des leurs, « qui ceux-là ne feront plus de mal aux gens de Senlis ».

Senlis avait vengé Meaux, mais ne sauvait pas Paris. Plus prudents, les nobles se tiendront désormais à distance des murailles des villes; mais malheur aux environs. Tout le pays, surtout entre Meaux et Paris, fut impitoyablement ravagé, saccagé : « Et toujours les gentilshommes mettaient le feu aux maisons de campagne qu'ils savaient appartenir aux Parisiens, et ils prenaient et emportaient tous les biens meubles y contenus ». C'est le chroniqueur officiel qui parle, nous pouvons l'en croire.

Il eût fallu que les villes, au lieu de ne songer qu'à se défendre isolément, comme avait fait Senlis, pussent s'entendre entre elles, ainsi que les gentilshommes, et, formant une vaste confédération, vinssent au secours les unes des autres, au secours de Paris.

Marcel l'essaya, s'adressa même aux villes de Flandre. Nous avons la lettre qu'il leur écrivit à ce sujet. Elle est du 11 juillet, antérieure de vingt jours seulement à sa mort. Il semble, dit fort bien M. Kervyn de Lettenhove, « qu'avant de descendre dans la tombe, et à défaut du témoignage de ses amis qui seront entraînés dans sa perte, il ait voulu plaider lui-même sa cause devant la postérité ».

En effet, avant la demande de secours qui fait l'objet de la lettre, Marcel commence par un long exposé des griefs, qui ont amené la ville de Paris à entrer en lutte avec le régent. Il indique d'une façon saisissante le vrai caractère de cette lutte, devenue bien plus sociale que politique :

« Très chers seigneurs et grands amis, vous avez bien su comment... très grande multitude de nobles *contre non nobles*... ont brûlé les villes, tué les bonnes gens des pays, mis à cruelles tortures femmes, enfants, prêtres, religieux, pour savoir où était leur argent, et le prendre et voler, et brièvement fait plus de maux que jamais ne firent les Sarrasins.

« Et encore aux dits maux persévèrent de jour en jour, et tous marchands qu'ils trouvent ils les mettent à mort ou les rançonnent, et enlèvent leurs marchandises, tuent, volent et pillent tout homme *non noble* des bonnes villes ou du plat pays et les laboureurs. Et ainsi nous voyons clairement qu'ils nous veulent mettre tous à destruction, sans pitié ni miséricorde.

« Très chers seigneurs et bons amis, pour ce que aucun d'eux ou de leurs amis se voudraient envers vous excuser des maux qu'ils ont faits en Beauvaisis.., parce que aucunes gens du plat pays de Beauvaisis commencèrent la guerre aux gentilshommes en tuant eux, leurs femmes et enfants.., et que à ce leur aurions été aidant et confortant.., plaise vous savoir que lesdites choses furent en Beauvaisis commencées sans notre su et volonté, et mieux aimerions être mort que les avoir approuvées...; et au temps d'alors y avait en la ville de Paris plus de mille tant gentilshommes que gentilles femmes.., qui y sont venus à sûreté...

« Ce nonobstant, sur l'ombre dudit fait de Beauvaisis, bien savons que monseigneur le duc a mis nous et nos biens en abandon aux nobles, et les a avoués de ce qu'ils ont fait et feront sur nous, ni n'ont d'autres gages de lui que ce qu'ils peuvent dérober... Aussi, quoique lesdits nobles, depuis la prise du roi notre sire, ne se soient voulu armer contre les ennemis du royaume, toutefois ils se sont armés contre nous, et... il en vient si grande quantité que c'est merveille. »

Il en venait même, paraît-il, des Flandres, aussi empressés à piller que les autres. Marcel les signale aux communes flamandes, les priant d'aviser. Il

10

s'efforce de leur démontrer combien cette guerre peut leur être préjudiciable à elles-mêmes, ne négligeant aucun argument de nature à émouvoir, à toucher ces gros et gras bourgeois des Flandres, très jaloux de leurs libertés sans doute, mais tout aussi jaloux et soigneux de leurs intérêts, de leurs aises.

« Très chers seigneurs et bons amis, nous pensons que vous avez bien ouï parler comment... ils ont pris quarante et cinq mules chargées de draps de Flandres, et les ont pillés et ôtés aux marchands qui les menaient...; et bien pouvez voir que si on gâtait le Laonnais, ainsi qu'on a gâté le Beauvaisis, toute la région au delà de l'Oise, qui sert de vins le bon pays de Flandre.., serait détruite, dont grand dommage s'ensuivrait audit pays...

« Aussi avons bien métier de l'aide de notre sire, de la vôtre et de tous nos bons amis, qui nous aident à défendre le bon peuple, les bons laboureurs et les bons marchands..., contre ces meurtriers et voleurs... »

Hélas, il est bien difficile que l'appel de Marcel soit entendu. Quoique la cause de Paris soit la cause de la bourgeoisie entière, même les villes de France n'osent ou ne peuvent guère lui venir en aide. Marcel ne le sait que trop. Mais la conscience de son isolement n'ébranle en rien son courage. Il faut voir quelle noble fierté, quelle énergie respirent les dernières lignes de cette lettre du 11 juillet:

« Bien que plusieurs gentilshommes et gens d'armes, en très grand nombre, soient devant la bonne ville de Paris avec monseigneur le duc, nous et notre peuple sommes bien tout un, et en bonne volonté de nous défendre. Pour sauver l'honneur de la bonne ville de Paris, pour éviter, nous qui avons toujours été francs, de choir en la servitude où nous veulent mettre ces gentilshommes, qui sont plus vilains que gentils, nous exposerons nos corps et nos biens; et nous mourrons plutôt que de souffrir qu'ils nous mettent en servitude. Ils se sont vantés de nous faire tirer la charrue avec les chevaux; mais avec l'aide de Dieu, de vous et de nos bons seigneurs et amis, et de très excellent prince, monseigneur de Navarre..., nous les en garderons bien. »

Au moment même où il écrivait ces lignes, Marcel avait-il aussi grande confiance qu'il voulait le dire, dans l'excellent prince de Navarre? Il est permis d'en douter.

Vers le milieu de juin, afin de se l'attacher plus étroitement, de le mettre plus avant dans les intérêts des Parisiens, Marcel l'avait appelé à Paris, décidé à lui confier la garde de la ville.

Le 15, le roi de Navarre « vint en la maison de ville et prêcha. Et entre autres choses dit qu'il aimait beaucoup le royaume de France, et y était bien tenu; car il était des fleurs de lys de tous les côtés, et eût été sa mère roi de France, si elle eût été homme. Et ajouta que les bonnes villes du royaume, spécialement celle de Paris lui avaient fait très grands biens et hauts honneurs...; aussi pour ce était-il prêt de vivre et mourir avec eux.

« Et aussi prêcha Charles Toussac, et dit que le royaume de France était en petit point, et avait été mal gouverné...; aussi était métier qu'ils y fissent un capitaine qui mieux les gouvernerait, et lui semblait que ne pouvaient avoir meilleur que le roi de Navarre.

« Et à ce, plusieurs crièrent : *Navarre! Navarre!...*

« Si fut lors élu ledit roi capitaine de la ville de Paris, et lui fut dit, de par le prévôt des marchands, que ceux de Paris écriraient à toutes les bonnes villes du royaume, afin que chacun se consentît à faire ledit roi capitaine universel par tout le royaume de France. »

Il n'y a trace nulle part que Marcel ait jamais songé à faire le Navarrais capitaine-général *du royaume.* Il s'agissait de lui confier *la garde de Paris,* non *le gouvernement de la France.* Mais on voit comme le récit du chroniqueur est habilement arrangé, combiné, de façon à justifier les accusations, les calomnies, qui furent, à partir de cette époque, dirigées contre Marcel.

On n'a pas manqué de dire en effet qu'il méditait dès lors, qu'il préparait une révolution dynastique

Du preschement que le Roy de Navarre
fist en lostel de la ville. et cōment par le
enortement de ses aliez fu fait Capitain
de paris dont pluseurs furent courrouciez

D'après le manuscrit de Charles V. Bibl. Nat., nº 2813, f. 413.

au profit du Navarrais, que voyant la répugnance obstinée du dauphin à accepter les réformes réclamées par l'opinion publique, et comptant trouver le roi de Navarre plus docile ou plus accommodant, il voulait substituer à la branche des Valois la branche de Navarre.

Marcel aurait donc, en plein quatorzième siècle, rêvé quelque chose d'analogue à ce que nous avons vu se produire en 1830, lorsque la branche aînée des Bourbons fut renversée au profit des Orléans. Ne serait-ce pas précisément ce souvenir de 1830, qui nous fait illusion, qui nous trompe, quand nous étudions le passé?

Croit-on sérieusement qu'une révolution de ce genre eût été possible en 1358? Nous convenons volontiers que le duc Charles à cette époque n'était guère populaire. Mais on oublie qu'à côté du régent il y a le roi prisonnier, le roi Jean, dont les malheurs ont fait oublier les fautes, et que sa prison a rendu deux fois sacré.

Toucher à la couronne du roi captif eût été, dans les idées du temps, plus qu'un crime politique, c'eût été un véritable sacrilége, dont l'idée n'a pu venir sérieusement à personne. On comprend bien que cette idée, le régent l'ait prêtée à Marcel, afin de le rendre odieux. Rien n'était en effet plus propre à le perdre qu'une pareille accusation. Mais par là même on ne comprendrait pas que Marcel ait pu s'arrêter un instant à un projet de ce genre, aussi insensé, aussi irréalisable.

Le choix du roi de Navarre, comme capitaine-général de Paris, s'explique de la façon la plus simple, comme la plus naturelle. D'abord, il dispose, soit par lui-même, soit par son frère, d'une cavalerie assez nombreuse, dont le secours sera singulièrement précieux aux Parisiens, pour faire tête à la cavalerie du régent et dégager les abords de la capitale.

Puis, il est prince du sang; et c'est beaucoup de pouvoir, dans une lutte contre le dauphin, opposer à ce dernier un homme dont le prestige balance le sien, dont l'autorité s'impose à tous, aux nobles surtout. Le régent n'était vraiment redoutable, que parce que la plus grande partie de la noblesse s'était déclarée en sa faveur. Détacher de lui, de sa cause, un certain nombre de nobles, ses partisans, eût été un coup de maître. Nul doute que Marcel n'ait escompté ce résultat probable, en s'assurant le concours du Navarrais.

C'est le 15 juin qu'aux acclamations du peuple le roi de Navarre a été élu capitaine-général de Paris. Or, il ne faut pas oublier qu'à ce moment même il venait de porter un coup mortel à la *Jacquerie,* en lui tuant son chef. Il s'était acquis par là des droits incontestables à la confiance, à la reconnaissance des nobles. Marcel pouvait donc, devait espérer que le nombre grossirait, de jour en jour, des gentilshommes, qui étaient venus en foule déjà se ranger autour de lui.

La chronique officielle prétend, à la vérité, que beaucoup le quittèrent, quand il eut accepté la capitainerie de Paris, ne voulant combattre, disaient-ils, ni le régent, ni les autres gentilshommes. Soit! En admettant que le fait soit exact, il était certes permis à Marcel d'attendre, de prévoir un résultat tout contraire, de penser que la noblesse, groupée autour du régent, hésiterait au moins à combattre le défenseur des nobles, l'exterminateur des *Jacques,* que Paris dès lors pourrait plus facilement se défendre, à supposer que le régent voulût ou osât continuer la lutte, devenue dans ces conditions singulièrement difficile pour lui.

Il était plus probable qu'il se déciderait à traiter. Et voilà comment la nomination du Navarrais à la capitainerie de Paris, loin d'être un ferment nouveau de discordes, de guerres civiles nouvelles, aurait pu au contraire concourir, de la façon la plus heureuse, à la pacification du royaume.

CHAPITRE XIV

INTRIGUES DU ROI DE NAVARRE ET DU RÉGENT

A combinaison du prévôt était d'une politique sage et habile autant qu'honnête. Malheureusement, il connaissait mal l'auxiliaire qu'il s'était donné. Sous des dehors séduisants, le Navarrais cachait l'âme la plus fausse et la plus fourbe. En public, habile à s'apitoyer sur les malheurs du pays, il ne parlait que de son sincère désir d'y porter remède. En réalité, la guerre civile était son élément; il ne songeait qu'à la traîner, à la prolonger le plus possible, certain d'y trouver son compte.

Non qu'il ait jamais eu sans doute l'ambition qu'on lui a prêtée de devenir, en 1358, roi de France, grâce à la complicité de Marcel. Il était trop intelligent pour ne pas comprendre combien un tel rêve eût été absurde et chimérique. Entre le roi Jean, qui détenait la couronne, et le roi Édouard qui la convoitait, il n'y avait nulle place, nul espoir pour un prétendant de sa taille. Son seul désir était de mettre à profit, soit la guerre civile, soit la guerre étrangère, pour agrandir ses domaines, ajouter à son royaume de Navarre et à son comté d'Évreux telle ou telle province à sa convenance. Or, l'occasion s'offrait merveilleusement propice à toutes les menées et intrigues, où se plaisait son génie inquiet, remuant et brouillon.

Capitaine de Paris, il se trouvait en excellente posture pour obtenir, soit du roi Édouard, soit du régent, tout ce qu'il pouvait convoiter, désirer. Le jour où il voudrait trahir, au profit de l'un ou de l'autre, la grande ville confiée à sa garde, ni le régent, ni Édouard ne lui marchanderaient sans doute le prix de sa trahison. Que ne donnerait pas le duc Charles pour tenir en sa puissance ces insolents bourgeois parisiens, dont il avait tant à cœur de se venger? Que ne donnerait pas surtout le roi d'Angleterre pour avoir en sa main Paris? Qui tient la capitale tient pour ainsi dire le royaume. Maître de Paris, Édouard l'eût été de la France. Le roi de Navarre pouvait donc vendre à l'un sa vengeance, à l'autre un trône. Lequel paierait le plus, du régent ou du roi d'Angleterre? Telle fut la seule préoccupation du Navarrais, du milieu de juin à la fin de juillet, où la mort de Marcel coupa court à ses machinations.

Avec le dauphin, il traitait au grand jour, sous prétexte de le réconcilier avec les Parisiens; avec le roi d'Angleterre, il traitait en secret, dans l'ombre, menant ainsi de front une double négociation, qui n'a été bien connue que de nos jours, et qui éclaire d'une lueur toute nouvelle l'histoire jusque-là si mal connue, si mal comprise, des dernières semaines de Marcel.

Notons d'abord, et en passant, que, si le Navarrais eût espéré devenir un jour roi de France, il n'eût pas comploté de vendre la couronne de France au roi d'Angleterre.

Or, nous avons aujourd'hui le texte même du traité anglo-navarrais, du 1er août 1358, qui stipule cette vente; nous savons exactement quelles étaient les prétentions du roi de Navarre, quel prix il réclamait de sa trahison. Rien moins que la Normandie, l'Amiénois, le comté de Chartres, la Champagne et la Brie. La part était belle; et l'on comprend qu'Édouard ait hésité à payer si cher, même la couronne de France. Avec un pareil vassal, dont les possessions auraient enserré Paris de toutes parts, le roi anglais n'eût pas été en sûreté dans sa capitale française. Le Navarrais, du reste, ne demandait trop que pour avoir peu, puisqu'à la fin il déclarait se contenter de la Champagne et de la Brie.

Le dauphin ne semblait pas disposé à aller même jusque-là. Il offrait de l'argent, pas de provinces. Ses offres étaient peu brillantes; il est vrai que sa situation était meilleure. Avec du temps, de la patience, il espérait bien rentrer un jour ou l'autre dans sa capitale; il ne tenait guère, au fond peut-être, à acheter les services du Navarrais, estimant qu'à la rigueur il s'en pouvait passer. Il ne s'en prêta pas moins, de la meilleure grâce du monde, à toutes les ouvertures, soi-disant de paix, que lui faisait le capitaine-général de Paris, au nom de Marcel et des Parisiens.

Aussi faux, aussi rusé que son royal cousin, le régent prévoyait que toutes ces négociations, ces entrevues multipliées finiraient par rendre le Navarrais suspect. Rien ne pouvait mieux servir ses desseins; et ce fut en effet ce qui arriva.

Pendant un grand mois, à partir du 20 juin, ce ne fut qu'allées et venues continuelles du roi de Navarre, à Chelles d'abord, à Charenton ensuite, où s'était installé le régent avec le gros de ses forces. Il avait bien avec lui « trente mille hommes. Aussi était tout le pays gâté, jusqu'à huit ou dix lieues, et communément les villes brûlées ». C'est toujours le chroniqueur officiel qui parle, ne l'oublions pas.

Le roi de Navarre, soit calcul, soit impuissance, ne se mettait guère en peine d'empêcher ces dévastations, sinon par d'éternels pourparlers de paix, des offres réitérées de traités. Les Parisiens trouvèrent bientôt qu'il parlementait beaucoup et se battait peu.

Le 8 juillet, à la suite d'une longue entrevue près la porte Saint-Antoine, le bruit courut que les deux princes s'étaient réconciliés aux conditions suivantes :

Le régent baillera au roi de Navarre, outre « dix mille livres de terre », quatre cent mille florins, dont cent mille la première année, cinquante les années suivantes, le tout pris *sur les aides que le peuple doit payer pour le fait des guerres*. Moyennant quoi, le roi de Navarre s'engage « *à être avec le régent contre tous* ».

Que deviennent les Parisiens, en attendant? Quelle part leur est faite dans la convention? Aucune. Si pourtant, le chroniqueur, un peu plus loin, constate que le régent a promis de leur faire remise « de toute peine criminelle ». Mais cela ressemble si bien à une promesse en l'air que Pierre d'Orgemont a négligé d'en parler, à propos du traité lui-même; quand il y fait allusion plus tard, c'est pour la noter en passant, comme un détail sans importance.

Les seules clauses qu'il ait l'air de prendre au sérieux, sur lesquelles il insiste avec une complaisance visible, on devine dans quel but, sont les clauses qui semblent lier les deux princes l'un à l'autre désormais. Il a soin de nous apprendre que, pour rendre l'accord plus sûr, l'engagement plus solennel, tous les deux ont entendu la messe « chantée » en cette occasion par l'évêque de Lisieux, qu'ils se sont juré amitié sur une hostie consacrée. Il est vrai que l'évêque, ayant lors rompu l'hostie en deux, et ayant voulu « en faire user auxdits régents et roi, ledit roi dit qu'il n'était pas à jeun, et pour ce ledit régent n'en prit point non plus ».

Ils n'en ont pas moins « juré sur le corps-Dieu sacré, que ledit évêque tenait entre ses mains, qu'ils tiendraient et accompliraient sans enfreindre tout ce que chacun avait promis, et ce étant présents ducs, comtes et barons, tant comme il en pouvait tenir au pavillon où la messe fut chantée ».

Il va sans dire que, si le roi de Navarre avait jamais voulu faire sa paix particulière avec le régent, il se serait bien gardé de prendre aucun engagement public et solennel de ce genre. Il lui importait trop de ne pas éveiller, exaspérer les défiances parisiennes. Les détails circonstanciés, plus ou moins véridiques, si complaisamment racontés par la chronique officielle, ce sont les bruits qui courent déjà dans Paris, et Pierre d'Orgemont sait sans doute qui a contribué à les répandre. Le régent a dans la capitale des amis dévoués, qui travaillent sous main

Coment le Regent et le Roy de nauarre assemblerent en vn pauillon qui fu tendu sur vne mote entre .s.' anthoine et le bois pour acorder vn traictie que la Royne Jehanne auoit basti.

D'après le manuscrit de Charles V. Bibl. Nat., n° 2813, f. 416.

11

« qu'il avait fait sa paix sans eux », mais qu'ils ne s'en souciaient guère, et que, s'il les abandonnait, « ils se passeraient bien de lui ».

Le continuateur de Nangis, Jean de Venette, va même jusqu'à dire qu'ils lui enlevèrent son titre de capitaine-général. Il y a là une exagération, ou plutôt une erreur, qui prouve que Jean de Venette n'habite plus Paris à cette époque, n'est plus aussi exactement renseigné sur ce qui s'y passe.

Une rupture aussi complète avec le Navarrais, démentie d'ailleurs par la suite des événements, eût rendu la continuation de la lutte impossible entre la capitale et le régent. Marcel s'y serait opposé de toutes ses forces. Sa lettre du 11 juillet nous montre qu'à ce moment même il compte, ou affecte de compter plus que jamais sur « l'excellent prince de Navarre ». Celui-ci, de son côté, n'eût voulu à aucun prix rompre avec les Parisiens. De son poste de capitaine-général dépendait le succès de ses négociations avec Édouard.

Il dut faire par conséquent, il fit en effet tout ce qui dépendait de lui pour dissiper les défiances, prouver aux Parisiens qu'il ne songeait en aucune façon à se séparer d'eux, à les trahir au profit du régent.

Dès le lendemain, il attaqua même les troupes royales et jeta un instant l'alarme dans le camp ennemi. L'escarmouche fut rude, dura presque jusqu'à la nuit.

Cõment monseigneur le Duc de Normau-
die ainsne filz du Roy de frãce lors regent
le royaume/ reboutèrent li et ses gens
ceuls de paris de dessus le põt quil avoit
fait faire sur seine.

D'après le manuscrit de Charles V. Bibl. Nat., n° 2813, f. 417.

Trois jours après, nouvelle sortie plus sérieuse encore. Le régent avait fait jeter un pont de bateaux sur la Seine, en face de Vitry. Le roi de Navarre résolut de le détruire. Le 14 au matin, vers neuf ou dix heures, ses gens remontèrent la rive gauche du fleuve et arrivèrent en face le camp ennemi, sans que l'alarme eût été donnée. L'espèce de pont-levis ou de pont volant, qui reliait les bateaux à la rive, étant presque constamment levé, les surprises étaient difficiles; aussi n'y faisait-on pas très bonne garde.

Le camp royal ne s'émut que lorsque les Parisiens et Navarrais s'étant mis « à l'eau jusqu'au nombril », commencèrent à escalader le pont. De l'aveu du chroniqueur officiel, l'affaire fut si vive que le régent se vit obligé de donner de sa personne. En même temps on se battait aussi du côté de Saint-Antoine. « Il y eut des escarmouches tout le jour jusqu'à la nuit, et ceux de Paris y perdirent plus qu'ils ne gagnèrent ».

Telle est du moins la version officielle. Jean de Venette prétend au contraire que, dans cette journée du 14, les nobles eurent le dessous, et que le pont fut détruit.

Nous n'aurions aucune raison de préférer la version de Jean de Venette, si l'échec dont il est parlé n'expliquait pas à merveille la tactique nouvelle, dès lors adoptée par le régent, et l'abandon momentané du siége de Paris.

Jusque-là le dauphin s'était imaginé qu'il aurait facilement raison des Parisiens par la force. Il commençait à comprendre que la chose ne serait pas si aisée. Puis, les défections parmi les siens devenaient à craindre. Tant que la noblesse avait trouvé largement à piller autour de Paris, elle s'était montrée pleine d'ardeur. Mais le pays est maintenant ruiné; à mesure que diminuent les chances de butin, on peut être assuré que le zèle des nobles diminuera d'autant.

Pierre d'Orgemont constate que, parmi les gens de monseigneur le duc, plusieurs s'en allèrent, après le 14 juillet, sur l'assurance que la paix allait être faite avec Paris. Il est permis de douter que ce fût la cause unique et véritable de leur départ. Le chroniqueur n'a pas tenu à nous donner les autres.

Que ce soit crainte des défections, des désertions, toujours fréquentes dans les armées féodales, que ce soit ruse ou calcul, toujours est-il que le régent s'empressa d'accepter les offres de médiation de la reine Jeanne. Cette princesse, qui paraît avoir été très sincèrement dévouée à la cause de la paix, très soucieuse au moins de travailler à la réconciliation du régent et du roi de Navarre, s'était pour ainsi dire presque jetée au milieu des combattants, afin d'arrêter l'effusion du sang.

« Les batailles étaient encore sur les champs », quand elle essaya de renouer les négociations entre les belligérants. Elles durèrent jusqu'au 19 juillet. Le régent se montrait de bonne composition : ceux de Paris le prieraient de leur pardonner, et se mettraient à sa merci. Mais il semblait que ce fût pour la forme simplement. Il n'aurait droit d'ordonner de leur sort que sur conseil et décision de la reine Jeanne et du roi de Navarre. En ces conditions qu'avaient-ils sérieusement à redouter?

Sans doute cela ne laissait pas d'être encore un peu vague, inquiétant et menaçant par là même; mais on arrêterait et préciserait plus tard les conditions définitives de la paix; on devait à cet effet se réunir, le 24, à Lagny. En attendant, le régent ne voulait pas perdre un jour, une heure, pour prouver aux Parisiens sa bonne volonté et affection à leur endroit. Ce jour même du 19, il délogeait de Charenton, promettant de faire ouvrir tous passages de rivières « afin que toutes denrées et marchandises pussent passer et être portées à Paris ». Et il faisait annoncer, publier partout, qu'il y avait « bonne paix » entre lui et les Parisiens.

Ainsi, on ignorait encore si la paix définitive serait signée à Lagny. Il ne s'agissait que de simples préliminaires; ces préliminaires mêmes, ni Marcel, ni ses amis, nous le verrons tout à l'heure, n'avaient voulu les ratifier. Et le dauphin déclarait la paix faite! Et il s'éloignait, quittait ses positions, comme si elle eût été réellement arrêtée et conclue!

En vérité, quand on y réfléchit, peut-on prendre au sérieux ces négociations du 14 au 19 juillet? Peut-on surtout supposer chez le régent tant de naïveté, et d'innocente candeur?

De deux choses l'une : ou son départ de Charenton était absolument forcé, rendu nécessaire par l'échec du 14 et l'abandon d'une partie de ses gens; ou ce n'était qu'une feinte, un piége. Devant l'inutilité de ses premiers efforts, voulait-il changer de tactique, essayer si la ruse, la trahison réussiraient mieux que la violence?

Tous les événements qui vont suivre confirment admirablement cette seconde hypothèse.

Le lendemain, à la faveur de la prétendue paix, si hautement annoncée, proclamée, nombre d'amis du régent se présentèrent aux portes de Paris, « pour besognes qu'ils avaient à faire », ajoute ingénûment Pierre d'Orgemont. Quelle sorte de besogne? Marcel l'avait devinée sans trop de peine, et la jugeait suspecte. Aussi donna-t-il ses instructions aux gardiens des portes. Ils demandaient aux arrivants « qui ils étaient, et quand ils répondirent qu'ils étaient au duc, ceux de Paris leur dirent : Allez à votre duc ». On voit que les Parisiens ne s'étaient pas laissé duper aux préliminaires du 19 juillet.

Quelques émissaires du duc cependant parvinrent à se glisser dans la ville, entre autres un certain Mathieu Guette, trésorier de France.

Reconnu, il fut sur le point d'être tué. On le conduisit à la maison de ville, devant le prévôt. Marcel ne voulut pas se montrer rigoureux, bien qu'il en eût le droit. Il se contenta de le faire mettre dehors.

Malheureusement, il n'avait pu renvoyer avec lui tous les partisans secrets du prince, et ils commençaient à être nombreux dans Paris. La riche bourgeoisie parisienne, qui avait fait d'abord cause commune avec Marcel, s'était peu à peu détachée de lui. On a prétendu que c'était par horreur des violences du 22 février, par horreur de la guerre civile. Nous voudrions le croire; il est à présumer pourtant que plus d'un céda aussi à de misérables calculs d'intérêt personnel. Tous ces riches bourgeois possédaient aux environs de Paris des terres, des domaines, que le régent avait confisqués. Marcel, lui, avait fait sans hésiter le sacrifice de ses biens, et ils étaient considérables : un seul de ses bois, sur le territoire de Ferrières en Brie, contenait plus de cent cinquante arpents. Tous n'eurent pas son désintéressement. Beaucoup pensèrent qu'en s'entendant secrètement, et par avance, avec le régent, ils obtiendraient sûrement la restitution de leurs domaines. Ce fut une émulation bientôt, parmi les anciens « compères » de Marcel, à qui rentrerait des premiers dans la faveur du prince.

Le régent encourageait ces bonnes dispositions

par des lettres de grâce, de *rémission,* dont certaines nous sont parvenues; elles permettent aujourd'hui de juger le travail souterrain de séduction, de corruption, qui minait le sol peu à peu sous les pas de Marcel.

La populace, de son côté, pour d'autres raisons, se détachait aussi de la révolution, prêtait l'oreille aux perfides insinuations des meneurs. Qu'avait-elle gagné à la guerre civile? Depuis deux mois, elle mourait de faim. Pourquoi ne voulait-on pas faire la paix, quand le régent de lui-même l'offrait à des conditions si acceptables, promettait amnistie, pardon à tous, même à ceux qui l'avaient si gravement insulté, menacé, jusque dans son propre palais?

Ceux-là se défiaient sans doute des promesses du prince, craignaient pour leur vie? Et quand leurs craintes seraient justifiées? Ils étaient donc bien égoïstes de ne songer qu'à eux-mêmes. Ne valait-il pas mieux à la rigueur qu'on les sacrifiât, s'ils ne voulaient se sacrifier de leur plein gré, afin d'assurer le salut de tous?

Voilà ce qui se disait tout bas, ce qui gagnait de proche en proche. Beaucoup pourtant hésitaient, réfléchissaient. Se mettre en la main du régent, lui demander pardon du passé, c'était donc reconnaître que ce passé était mauvais, qu'on avait eu tort de demander, d'exiger des garanties contre le pouvoir, tort d'entrer en lutte pour la sauvegarde ou la conquête des libertés publiques. On sentait vaguement, d'instinct, que Marcel, en continuant la lutte à outrance, défendait autre chose que sa vie, ces libertés mêmes qui périraient certainement avec lui. Et l'on éprouvait un reste de honte, de remords, à la pensée de l'abandonner. Quand on le voyait si résolument faire à la cause commune le sacrifice de sa fortune et de sa vie, le soupçonner, l'accuser de ne songer qu'à lui-même, à ses intérêts personnels, décidément on ne pouvait s'y résoudre. Il fallait, pour le perdre, trouver autre chose : on le trouva.

Rien n'est intéressant, mais navrant à la fois, comme de suivre pas à pas, dans la chronique officielle, cette campagne de démoralisation, de mensonges, de calomnies, menée contre Marcel avec une perfidie vraiment diabolique. Il semble qu'on assiste aux conciliabules secrets de ses ennemis, qu'on les voit se glissant par les rues, se mêlant aux groupes, jetant, semant ici, là, partout, leurs accusations, leurs insinuations, flattant tour à tour les plus mauvais, les plus bas instincts des foules, comme au besoin les meilleurs et les plus élevés.

CHAPITRE XV

LES MERCENAIRES ANGLAIS

PARMI les mercenaires, que le roi de Navarre avait pris à sa solde, figuraient bon nombre d'Anglais. On devine le parti qu'ont pu et dû tirer, de cette présence des Anglais à Saint-Denis et à Paris, les adversaires de Marcel, aussi bien ceux du quatorzième que ceux du dix-neuvième siècle; car les colères et les haines qu'il a suscitées sont loin d'être éteintes. Ses adversaires d'aujourd'hui ne sont guère moins implacables que ceux d'autrefois.

Introduire à Paris, dans la capitale du royaume, les pires ennemis du royaume, prendre des Anglais à la solde de la France, pour combattre le fils du roi de France! Quelle infamie! et Marcel y a prêté les mains; et voilà l'homme qu'on nous présente comme un grand patriote!

On voit d'ici quel admirable thème, combien favorable aux plus éloquentes objurgations d'un patriotisme indigné, ou qui s'efforce de le paraître. Le meurtre des maréchaux de Champagne et de Normandie autorisait naguère à ne plus voir dans Marcel qu'un vulgaire assassin. L'enrôlement des Anglais fera de lui un abominable traître.

Nous n'essaierons pas de défendre Marcel, en recherchant, comme on l'a fait quelquefois, si les routiers en question étaient bien véritablement de race anglaise. Le Navarrais avait sans doute pris au hasard tous ceux qui venaient s'offrir, enrôlé, sans souci de nationalité, plus d'une bande qui avait guerroyé jadis en France au service de l'Angleterre. Que, dans ces vieilles bandes anglaises, il y eût des aventuriers de tous pays, de toutes provinces françaises même, la chose n'est guère douteuse. Mais encore une fois, nous n'en prenons pas texte pour excuser ni justifier Marcel.

Nous admettons, si l'on veut, que le roi de Navarre avait appelé, sciemment, autour de lui, des Anglais d'origine, de vrais Anglais. Et si nous nous placions à un point de vue tout moderne, si nous jugions la chose avec nos idées, nos mœurs d'aujourd'hui, assurément nous ne trouverions pas de termes assez sévères pour qualifier, pour flétrir une pareille conduite. Nous figurons-nous, par exemple, au milieu de nos discordes actuelles, un des deux ou trois prétendants qui se disputent la France, appelant à son aide l'étranger? Celui-là verrait immédiatement se lever, contre lui, même ses partisans indignés, et l'homme qui aurait recherché ou accepté cette monstrueuse alliance en resterait à jamais déshonoré devant l'histoire.

Mais prenons garde; nous ne pouvons ni ne devons, sous peine de commettre parfois la plus grossière des erreurs, comme la plus révoltante des injustices, juger les hommes et les choses du passé, avec nos idées du présent.

Cette susceptibilité patriotique, si délicate, si ombrageuse, croit-on qu'elle soit de bien vieille date chez nous? Hélas, elle n'existait pas même encore, du moins au même degré qu'aujourd'hui, en 1814 et en 1815. Que sera-ce donc, si nous remontons au moyen-âge?

Est-ce à dire que le patriotisme fût chose inconnue, ignorée alors? Non certes, ce serait un blasphème de le prétendre. Il est bien certain pourtant que le patriotisme, ou pour nous servir d'un mot plus juste ici, le sentiment national n'était, ne pouvait être en ce temps là ce qu'il est devenu de nos jours.

Sans doute nos populations avaient bien, à certains moments, aux heures de crises et de calamités nationales, l'intuition vague, confuse, qu'elles faisaient partie d'un grand pays, allant de l'océan au Rhin, de la Manche et de la mer du Nord aux

Pyrénées et à la Méditerranée. Nous-même avons mentionné plus haut l'émotion patriotique causée dans le Midi par le désastre de Poitiers. Mais il n'en est pas moins vrai qu'au quatorzième siècle, au début surtout du siècle, on se sentait plus Normand, Gascon ou Poitevin que Français. Ce mot même de Français n'avait pas encore son vrai sens actuel, la signification d'aujourd'hui. Il désignait d'ordinaire l'habitant de l'Ile-de-France, rien de plus.

Ce qui console précisément des horreurs, des misères de la guerre de Cent Ans, c'est de voir, à côté de ce patriotisme local, provincial, s'éveiller, grandir peu à peu, le sentiment plus large, plus vaste, de la patrie, de la grande patrie française. Il a fallu la haine commune de l'Anglais pour donner à tous l'idée, l'amour de la patrie commune, la France.

Notre grand historien national, Michelet, a admirablement montré, raconté comment ce patriotisme nouveau est venu d'abord aux petits, au peuple, avant d'être entrevu, soupçonné des classes ou castes supérieures. Cela devait être, car le sentiment national, à son début, est fait de haine plus que d'amour; c'est moins l'amour de la patrie que la haine de l'étranger. Or, le peuple qui, plus que tous, a souffert des guerres anglaises, plus que tous aussi devait détester l'Anglais, par là même, avant tous, se sentir Français.

Si vous aviez demandé en 1358 à un paysan de

France quel était son véritable ennemi, il y a gros à parier qu'il vous eût répondu : *le noble!* Attendez un an, deux ans au plus, il vous répondra : l'*Anglais!*

En si peu de temps, la transformation s'est à peu près opérée, la métamorphose est presque accomplie, chez le paysan du moins, chez d'autres, non.

Le noble, lui, l'homme d'armes de France, se sent bien plus l'ami, le compagnon du noble, de l'homme d'armes anglais, que du paysan français son compatriote. Tous deux se considèrent comme de même famille et de même *race*. La fraternité d'armes passe avant la communauté d'origine.

Tous les routiers, tous les gens des *grandes compagnies* n'ont à vrai dire ni patrie, ni nationalité. Amis aujourd'hui, ennemis demain, ils passent sans souci d'un pays à l'autre, vendant au plus offrant leurs services, avec aussi peu de scrupule qu'on met à les acheter.

Croit-on qu'il n'y avait pas de Français dans les armées d'Angleterre? Le prince de Galles a dû son succès de Poitiers peut-être plus à ses Gascons qu'à ses Anglais. Qu'on vienne après cela comparer le patriotisme d'alors au patriotisme de maintenant!

Les trêves de 1357 avaient laissé les compagnies anglaises sans emploi. Le roi de Navarre les enrôla, comme les eût enrôlées au besoin le régent, sans que nul parmi les siens songeât à s'en étonner.

L'auteur, il est vrai, de la *Chronique des quatre premiers Valois* a blâmé les Parisiens d'avoir pris « à soudoyers les purs ennemis de leur droit seigneur le roi de France ». A la bonne heure; il y a là une indignation patriotique qui fait plaisir à constater. Mais aussi faut-il observer que la chronique est de la fin du quatorzième ou du commencement du quinzième siècle. La même note ne se trouve guère dans les documents tout à fait contemporains.

Nul n'a jamais mis en doute le patriotisme du brave et honnête Jean de Venette. Or, Jean de Venette, qui raconte avec tant de sympathie les exploits de nos paysans contre l'Anglais, lui, qui d'autre part blâme et condamne si impartialement tout ce qui lui paraît mauvais et blâmable, qui déplore en termes si émus le meurtre des maréchaux de Champagne et de Normandie, n'a pas un mot de surprise ou de reproche pour l'enrôlement des mercenaires anglais, si amèrement reproché au roi de Navarre et à Marcel. Il constate que ces mercenaires étaient de « robustes » compagnons, rien autre. Si, il ajoute qu'ils ont été reçus, eux et leur chef, le Navarrais, « en grande solennité », par la population parisienne. Il est clair que le fait ne l'indigne, ni ne le scandalise, parce qu'il est dans les habitudes du temps.

Veut-on un autre exemple, plus significatif encore? Suivons le chroniqueur officiel, si heureux de noter la querelle qui éclatera bientôt entre les mercenaires anglais et les Parisiens, si empressé surtout à l'exploiter contre Marcel. Rien de plus curieux que ce passage relatif aux mercenaires, rien de plus propre à nous donner une idée juste de ce qu'est, à l'époque, le sentiment national, encore pour ainsi dire à l'état latent, inconscient.

Il va de soi que, personnellement, Pierre d'Orgemont fait grand crime au roi de Navarre, comme au prévôt, d'avoir introduit dans Paris « les ennemis du roi et du royaume ». Il est dans son rôle, et ne saurait parler d'autre sorte. Mais on ne voit pas, de par son récit même, que ce grand crime ait tout d'abord ému en aucune façon l'opinion publique.

Il est bien vrai que les Parisiens se soulèveront contre les mercenaires anglais, voudront les massacrer. Mais pourquoi se soulèvent-ils? Quand et comment se produit cette explosion de haine? Est-elle spontanée, irréfléchie, comme elle devrait l'être, comme nous serions tentés de le supposer, d'après nos idées modernes? Pas le moins du monde.

Le jour où « ces ennemis du roi et du royaume » entrent à Paris, avec le roi de Navarre, le 10 juillet, le peuple ne proteste pas. L'occasion pourtant serait bonne; car on se rappelle qu'à ce moment le Navarrais est soupçonné, accusé d'avoir fait sa paix particulière avec le régent. C'est là ce que les Parisiens lui reprochent, non d'avoir enrôlé des Anglais, d'avoir osé les amener avec lui. Ils ne lui pardonnent même, sans doute, n'oublient leur mauvaise humeur, que lorsqu'ils savent ces Anglais venus pour les aider sérieusement à combattre le régent.

Le 11, en effet, le 14, Anglais et Parisiens s'en vont de concert attaquer les troupes royales; et les gens de Paris, à coup sûr, ne s'imaginent guère, combattant ainsi côte à côte avec leurs mercenaires, commettre un crime de lèse-patriotisme. Qui les en accuserait, les surprendrait fort.

Il leur faudra une raison particulière, un grief spécial, pour leur rappeler que ces mercenaires sont des étrangers, des Anglais. Le 21, le bruit se répand qu'une autre compagnie anglaise, également au service du Navarrais, a pillé le pays du côté de Saint-Cloud. Immédiatement le peuple s'émeut, commence à regarder de mauvais œil la garnison anglaise de Paris. Anglais de Paris ou de Saint-Cloud, c'est tout un, ils ne valent pas mieux les uns que les autres; plus d'étrangers, plus d'Anglais! On court sus aux mercenaires, vingt-quatre sont tués; les autres, quatre à cinq cents environ, sont emprisonnés au Louvre.

Cet incident du 21 devait avoir pour Marcel les plus terribles conséquences. Le roi de Navarre et lui, pour intervenir, attendent au lendemain, espérant que la fureur populaire sera calmée, qu'il sera plus facile de faire entendre raison au peuple. Le 22, vers midi, ils se rendent à la maison de ville. Là, le roi de Navarre rappelle aux Parisiens que les mercenaires anglais sont venus à Paris sur sa demande et sous sa sauvegarde, afin de les défendre eux-mêmes de leurs ennemis, et qu'ils ont eu grand tort de les tuer.

Remarquons en passant que l'auteur anonyme de la *Chronique des quatre premiers Valois*, peu suspect de sympathie pour les Anglais, ne tient pas, en la circonstance, un autre langage que le roi de Navarre : « Et en eurent tort ceux de Paris de les occire, puisqu'ils étaient venus *à leur mandement* et pour les aider ».

Mais la foule n'écoute rien. Il est vraisemblable que les partisans du régent, dans l'intervalle, ne sont pas restés inactifs, ont excité encore, attisé les haines. Les Parisiens veulent maintenant massacrer tous les Anglais, aussi bien ceux de Saint-Denis et de Saint-Cloud que ceux de Paris. Pourquoi? Parce qu'ils sont Anglais? Oui sans doute, la haine de l'étranger se révèle ici, non douteuse. Mais il faut bien reconnaître pourtant que ce n'est pas la raison unique, déterminante. Écoutons plutôt Pierre d'Orgemont : « Les Parisiens dirent au roi et au prévôt que les mercenaires avaient été bien payés de leurs gages et solde, et que néanmoins ils pillaient le pays ». Voilà pourquoi il faut les tuer.

Ainsi la foule ne méprise ni ne déteste le Navarrais d'avoir pris à gages, à solde, « les ennemis du royaume »; mais elle accuse et déteste ces maudits Anglais, incapables même de tenir leurs engagements, bons seulement à piller ceux qui les paient.

Et elle exige que le roi de Navarre, le prévôt, se mettent à sa tête, pour aller faire justice des *pillards* qu'on rencontrera du côté de Saint-Denis et de Saint-Cloud.

Force fut bien de donner satisfaction aux colères populaires. Une double sortie est résolue par les portes Saint-Honoré et Saint-Denis.

« Mais avant qu'on partît de Paris, il fut près de vêpres. Dont plusieurs présumèrent que ledit roi fit attendre le départ, afin que lesdits Anglais ne fussent surpris au dépourvu ».

Ici l'insinuation du chroniqueur pourrait bien être en partie fondée. Il y avait intérêt évident pour les Parisiens, comme pour les Anglais du roi de Navarre, à ce qu'on n'en vînt pas aux mains. Cette lutte ouverte ne pouvait profiter qu'au régent. Il serait donc assez vraisemblable que le roi de Navarre eût cherché à prévenir ses mercenaires, mais pour leur enjoindre de se tenir à couvert, à distance, afin d'éviter tout engagement.

Si l'avis a été donné, il ne fut malheureusement pas suivi, de tous au moins. Les Anglais de Saint-Cloud, furieux qu'on eût « occis de leurs compagnons voulaient guerroyer ceux de Paris, et à bonne et juste cause », dit la *Chronique des quatre premiers Valois.* Ils se mirent donc en embuscade dans les bois, envoyant une cinquantaine d'entre eux courir le long de la rivière, afin d'attirer les Parisiens.

Précisément la première troupe qui s'avançait par là, venue de la porte Saint-Honoré, était composée uniquement de gens de pied, qui marchaient dans le plus grand désordre. A la vue des coureurs anglais, qui ont l'air de battre la campagne, ils croient n'avoir affaire qu'à une bande de pillards isolés ; ils se mettent à leur courir sus. Le gros des mercenaires sort alors de son embuscade, et les rôles changent. Surpris, les gens de pied s'enfuient à la débandade vers Paris, non sans perdre beaucoup des leurs, « six cents ou plus », suivant la chronique officielle.

Pendant ce temps, la seconde troupe, où se trouvaient Étienne Marcel et le roi de Navarre, avait battu les hauteurs de Montmartre, et la plaine vers Saint-Denis, sans rencontrer aucun pillard. Ils se séparèrent alors ; et tandis que le roi regagnait son quartier-général de Saint-Denis, le prévôt rentrait tranquillement dans la capitale.

Belle occasion, inespérée pour ses adversaires, les partisans du régent ! On pense si les insinuations, les calomnies vont leur train : Il paraît qu'un peu avant la sortie, le roi de Navarre aurait dit secrétement au prévôt : — « Ces gens là sont enragés de tuer et meurtrir gens, mais je les mènerai en tel lieu d'où ils ne reviendront pas tous ». — Comment douter dès lors que roi et prévôt ne se soient entendus avec les mercenaires anglais? Ils auraient bien pu venir, s'ils l'avaient voulu, en aide aux gens de pied de la rue Saint-Honoré. Ils s'en sont donné de garde, aimant mieux « les laisser mettre à mort sans les secourir ». Voilà ce qui se répète, se propage, et les Parisiens « commencent à se dire les uns aux autres qu'ils sont mauvaisement trahis par leurs gouverneurs, et le roi de Navarre leur capitaine-général ».

Ce sera bien pis, quand ils verront le prévôt refuser de leur livrer les mercenaires enfermés au Louvre. On comprend quelle dut être la situation de ces malheureux, après l'affaire de Saint-Cloud. La populace demandait à grands cris leur mort. En flattant les instincts sanguinaires de la foule, en lui lâchant sa proie, Marcel peut-être eût pu dissiper encore les défiances, les soupçons qui s'élevaient contre lui, reconquérir la popularité qu'il sentait lui échapper de jour en jour. Il aima mieux, au risque de ce qui pourrait en advenir, faire son devoir d'honnête homme; il résolut de sauver les prisonniers.

Comprenant que, s'il les gardait au Louvre, ils seraient inévitablement massacrés un jour ou l'autre, il se décida, le 27 juillet, à les faire sortir de Paris. Nouveau grief contre lui, nouvelle cause de soupçons, d'accusations.

La délivrance des mercenaires est bientôt connue de tout Paris, racontée, commentée de façon à rendre le prévôt plus suspect, plus odieux encore. Il ne s'est pas contenté de sauver les Anglais; lui et les siens ont pris pour ainsi dire plaisir à insulter, à narguer la population parisienne. Ses archers, qui servaient d'escorte aux prisonniers, tenaient leurs arcs tendus, demandant ironiquement « s'il y avait aucun qui voulût dire quelque chose contre la délivrance des dits Anglais ».

Tel est le bruit que s'en vont colportant par la ville les adversaires du prévôt. On ne songe même pas à rechercher si la chose est vraisemblable, ni quel intérêt aurait pu trouver Marcel à braver, à défier ainsi la foule. On l'a entendu dire, on le répète. Dans ces moments-là, il n'est pas de *racontar*, même ridicule et absurde, qui ne trouve aisément créance.

CHAPITRE XVI

LE COMPLOT ROYALISTE DU 31 JUILLET ET LE MEURTRE DE MARCEL

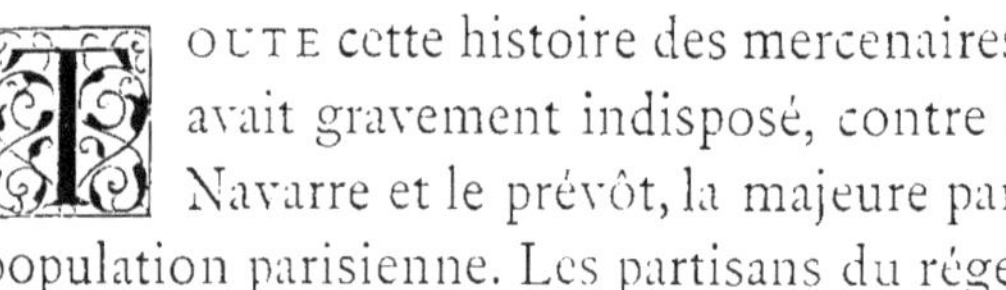

TOUTE cette histoire des mercenaires anglais avait gravement indisposé, contre le roi de Navarre et le prévôt, la majeure partie de la population parisienne. Les partisans du régent jugèrent le moment venu d'agir.

Les principaux meneurs étaient, avec les deux frères Pépin et Martin des Essarts, l'échevin Jean Maillart, l'ami, le compagnon de Marcel, qui jusqu'au dernier jour fit profession de l'être, afin de mieux cacher sa trahison.

Le régent avait même récemment confisqué ses biens, peut-être pour mieux éloigner de lui tous soupçons, s'il était déjà à ce moment dans le complot. S'il n'y était pas encore, il faut supposer qu'il y entra pour les recouvrer. Quelle que soit l'hypothèse à laquelle on s'arrête, son rôle n'en reste pas moins odieux.

Maillart et ses complices commencèrent par recruter un certain nombre de « compagnons », prêts à tout, comme on le verra; puis, ils convinrent que, le 31 juillet au matin, ils se sépareraient en deux troupes, lesquelles parcourraient les divers quartiers de la ville, promenant par les rues la bannière du roi de France, et criant : — *Montjoie Saint-Denis au roi et au duc!* — Ils comptaient provoquer ainsi contre Marcel et les siens un soulèvement populaire. Dans le cas où le soulèvement n'aurait pas lieu, on verrait toujours à se débarrasser du prévôt et de ses complices « *par justice ou autrement* ».

Donc, le 31, de grand matin, Maillart d'un côté, les frères des Essarts de l'autre, montèrent à cheval; escortés de leurs hommes, ils parcoururent les rues et quartiers de la ville, pour se retrouver ensuite aux Halles, ainsi qu'il était convenu. Il ne paraît pas que la vue de la bannière royale, promenée à travers Paris, ait produit l'émotion qu'on en avait espéré. Mais les conjurés étaient assez nombreux pour mener à bien leur tâche. Si la population parisienne paraissait peu disposée à leur prêter grand appui, il était probable du moins qu'elle les laisserait faire; ils n'en demandaient pas davantage.

Près des Halles, demeurait le trésorier du roi de Navarre, Joseran de Mâcon. La bande courut d'abord à son hôtel pour « l'occire et mettre à mort, comme traître ». Ne l'y trouvant pas, elle se consola, en faisant main basse sur son argenterie. Mal faillit en advenir. Car les pillards n'avaient pas quitté l'hôtel qu'ils se disputaient déjà pour le partage du butin. Les chefs durent s'interposer, leur rappeler « ce pourquoi ils étaient venus ». L'argenterie fut mise en dépôt chez une marchande de cire qui demeurait devant Saint-Eustache, et l'on se rendit en place de Grève, à la maison de ville.

C'est dans une lettre de Charles V, lui-même, écrite dix ans plus tard, que nous trouvons ces curieux détails. Ils ne sauraient donc être suspects.

Marcel faisait à ce moment la ronde des portes. Cette ronde rentrait-elle dans ses habitudes journalières? Étant donnée la nature de ses fonctions, la lourde responsabilité qui lui incombait, la chose n'aurait rien que de vraisemblable. Ou bien avait-il eu vent du complot? Comprenait-il, devant les menées, devant les manœuvres de ses adversaires, la nécessité de redoubler de précautions, de surveillance, l'éloignement subit du régent n'étant à coup sûr qu'un piège, une feinte évidente?

Toujours est-il que, ce matin du 31 juillet, il était allé relever lui-même les gardiens des portes, changer ceux dont il se défiait, les remplacer par des hommes à lui, des hommes sûrs. Il se trouvait à la porte Saint-Antoine, lorsqu'il y fut rejoint, assailli par les conjurés.

Un de ses compagnons, Philippe Giffart, se défendit vaillamment et fut tué sous ses yeux. Pour lui, il ne paraît pas qu'il ait essayé de disputer sa vie aux meurtriers. Il avait reconnu dans le nombre, parmi les plus ardents, les plus acharnés à crier : « *mort au prévôt!* » son *compère* et ami Maillart, d'autres peut-être de ses anciens amis, de ceux qui avaient commencé avec lui la révolution, et qui maintenant l'ayant abandonnée, trahie, ne lui pardonnaient pas d'y être demeuré fidèle : — « Pourquoi voulez-vous me tuer? leur dit-il, ce que j'ai fait, je l'ai fait pour le bien de tous, pour maintenir l'œuvre des États, que vous-même me fîtes jurer de maintenir de tout mon pouvoir. »

Et la *Chronique des quatre premiers Valois,* à laquelle nous empruntons ces touchantes paroles de Marcel mourant, ajoute simplement :

« Ainsi finit le prévôt. »

On le voit, la dernière pensée d'Étienne Marcel fut pour cette grande cause de la liberté, qu'il avait essayé de défendre; son regret suprême dut être de penser qu'elle allait périr avec lui.

Son plus jeune frère, Gilles Marcel, fut tué peu après à la porte Baudoyer. Le même jour encore, Charles Toussac l'échevin, Joseran de Mâcon le trésorier du roi de Navarre, arrêtés, furent enfermés

De la mort au preuost des marchans & de pluseurs autres
qui estoient ses aliez.

D'après le manuscrit du duc de Berry. Bibl. Nat., n° 2608, f. 475.

d'abord au Châtelet, pour être ensuite décapités en place de Grève. La populace dépouilla les cadavres, les traîna par les rues, après quoi on les jeta à la rivière.

Nombre d'autres partisans du prévôt étaient également poursuivis, jetés en prison, en attendant qu'un simulacre de jugement les envoyât eux aussi au gibet. Le régent pouvait revenir désormais; la révolution vaincue, privée de ses chefs, n'oserait plus lever la tête. Les chaperons rouge-bleu avaient disparu comme par enchantement; et nombre de gens, « qui le matin se seraient volontiers armés contre le duc », criaient le soir plus fort que les autres, « demandant son retour ».

Il rentra à Paris, le 2 août, « à la très grande joie des habitants », dit la chronique officielle. La joie pourtant ne fut peut-être ni si bruyante, ni si générale que le prétend Pierre d'Orgemont. Parmi ceux qui regardaient passer le royal cortège, beaucoup restaient silencieux, presque menaçants. L'un d'eux même osa s'avancer vers le duc, et lui jeter en plein visage ces hardies paroles : — « Pardieu, sire, si l'on m'eût voulu croire, vous n'y fussiez entré. » — Le sire de Tancarville mit l'épée à la main pour châtier l'insolent, le régent l'arrêta. Il pensait, dit Christine de Pisan, « que si l'on eût tué cet homme, la ville eût bien pu s'émouvoir ».

La crainte était à coup sûr chimérique; l'émeute

n'éclate pas au lendemain des réactions triomphantes. Mais c'était une audace étrange d'avoir osé braver de la sorte le triomphateur. Cela prouvait que la révolution vaincue laissait encore après elle d'amers regrets, le chef disparu, de déterminés partisans.

Le régent et ses amis comprirent que leur tâche n'était pas terminée.

CHAPITRE XVII

LA LÉGENDE DE LA TRAHISON

PRÈS avoir tué le chef de la révolution parisienne, il restait à le déshonorer. Il fallait prouver à tous que le mort du 31 juillet était indigne de toute pitié, comme de toute estime, prouver au peuple qu'Étienne Marcel n'avait été qu'un misérable traître, afin que le peuple, vite revenu de ses premiers soupçons, ne fût pas tenté d'en faire un martyr.

Alors, comme les meurtriers s'étaient acharnés sur son cadavre, la calomnie s'acharna sur sa mémoire.

Le régent, le 4 août, convoqua le peuple « en la maison de ville ». Là, il apprit aux Parisiens le terrible danger, auquel ils venaient d'échapper par la mort de Marcel. Si on ne l'eût tué en effet le matin même du 31 juillet, il devait dans la nuit « faire le roi de Navarre roi de France, et mettre les Anglais et Navarrais dans Paris...; et sitôt qu'ils eussent été en la ville, ils eussent meurtri et mis à mort... tous ceux qui se tenaient du parti du roi et son fils..., tout le clergé et gens d'église, tous les gentilshommes lors étant en ladite ville, tous les officiers de monseigneur et de nous, et les deux tiers des habitants! »

En vérité, l'exagération de la haine est ici par trop évidente; elle aurait dû suffire à prémunir contre la calomnie.

Aussi bon nombre se montraient « ébahis ». On rappelait alors perfidement l'affaire des mercenaires anglais, leur délivrance. Si Marcel n'était pas d'accord avec eux, s'il n'avait pas comploté quelque mauvais coup avec eux, pourquoi les eût-il délivrés?

Voulait-on d'autres preuves des sinistres projets de Marcel, de son abominable trahison? On l'avait vu, le matin même du 31 juillet, quelques instants avant sa mort, à la porte Saint-Denis, en réclamer les clefs, pour les remettre... à qui? A Joseran de Mâcon, le trésorier du roi de Navarre! C'est même là ce qui avait excité les soupçons de Maillart, ou plutôt changé ses soupçons en certitude, ce qui l'avait décidé à parcourir les rues de Paris, en appelant le peuple aux armes, à la révolte contre le traître.

Bien mieux, on savait que le roi de Navarre venait d'écrire au prévôt. Ces lettres, qui contenaient, à n'en pouvoir douter, la preuve indéniable du complot, qui en réglaient les derniers détails, Marcel les avait sur lui au moment où il arrivait à la porte Saint-Antoine; et ce n'est que sur son refus de les livrer, d'en donner lecture, qu'on lui avait couru sus, ainsi qu'à ses complices. Comment douter dès lors, et n'avait-on pas eu cent fois raison de le tuer?

Et dire que l'opinion publique s'est laissé prendre pendant plus de cinq siècles à de misérables inventions de ce genre! Quand on y réfléchit de sang-froid aujourd'hui, on se demande comment elles ont pu trouver un instant créance, car elles sont en vérité moins odieuses encore que ridicules.

Ainsi les Anglo-Navarrais sont restés à Paris, du 10 au 21 juillet, sans que Marcel ait rien tenté, soit contre ses ennemis personnels, soit en faveur du roi de Navarre. L'occasion pourtant eût été propice, surtout le 19 au soir, alors que venaient de s'éloigner les troupes du régent. Mais non, Marcel attend que ses mercenaires aient vidé la capitale, pour songer au parti qu'il eût pu tirer de leur présence.

Dès qu'il les verra hors de Paris, il n'aura plus qu'une pensée, les y ramener secrètement cette fois, de nuit, par trahison, afin de faire, le 31 juillet, ce qu'il n'a pas su faire dix jours auparavant. Comme cela est vraisemblable!

Poursuivons. Si Marcel voulait introduire à nouveau les Anglais dans Paris, la nuit du 31 juillet, comment admettre que, le 27, au risque de provoquer une émeute, de compromettre par là même le succès de la trahison projetée, il ait renvoyé de Paris les Anglais prisonniers?

Avouons que ç'eut été de sa part une terrible imprudence d'éveiller, d'augmenter de la sorte, comme à plaisir, les soupçons, les défiances. Avouons aussi qu'il eût mieux fait, en pareil cas, de garder quatre jours de plus, sous sa main, ces routiers dont le concours lui eût été tout dévoué, et pouvait lui être si précieux. Il faut vraiment qu'il soit bien maladroit de n'y avoir pas songé.

Mais c'est la moindre des maladresses que lui prêtent ses adversaires. Que dire d'un homme qui, se sentant suspect aux Parisiens, sentant le Navarrais plus suspect encore, se rend *en plein jour,* à la porte Saint-Denis, accompagné du trésorier du roi de Navarre, et veut qu'on remette au dit trésorier les clefs de ladite porte? Nous nous trompions tout à l'heure, en parlant de *maladresse;* ceci n'est plus de la maladresse, ce serait de la stupidité. Car autant vaudrait crier sur les toits le secret de son complot.

Que dire aussi et surtout de ce complice du Navarrais, qui s'en va par les rues de Paris, portant, *en sa main, « dans une boîte »,* les lettres contenant les preuves de sa trahison?

Voilà par exemple qui dépasse le ridicule, et qui frise le grotesque!

D'ailleurs, ces fameuses lettres, les meurtriers ont dû les avoir en leur possession, puisqu'ils n'ont tué le prévôt que pour les lui arracher, sur son refus de leur en donner lecture. Pourquoi donc ne les a-t-on pas publiées après le meurtre? Pourquoi le régent ne les a-t-il pas lues à la foule assemblée, le 4 août, devant la maison de ville? Cela eût été plus probant que tous les discours du monde, et n'eût plus permis, même aux plus chauds partisans de Marcel, de conserver l'ombre d'un doute sur sa trahison.

On ne les a pas lues, on ne les a pas publiées, et pour cause.

Les calomniateurs savaient du reste que nul ne songerait même à les leur demander; la foule n'y regarde pas de si près. Qui ne connaît hélas, ses revirements terribles et soudains, sa facilité merveilleuse à tous les soupçons, à toutes les défiances, sa joie féroce à briser le lendemain ses idoles de la veille, surtout son empressement déplorable, en temps de révolution, à voir toujours et partout des traîtres? La calomnie a beau jeu, en pareil cas; grâce à la crédulité des uns, à la sottise des autres, grâce à l'indifférence ou aux lâches complaisances de tous, elle peut être assurée, si grossière qu'elle soit, de faire son chemin par le monde.

Et voilà comment, au lendemain du 4 août 1358,

on a cru à la culpabilité, à la trahison d'Etienne Marcel.

Ceux qui n'y crurent pas, et ils étaient sans doute nombreux encore, n'avaient pas, comme aujourd'hui, les moyens de démasquer la calomnie, de rétablir la vérité. Les rares chroniqueurs tout à fait contemporains, dont les écrits nous soient parvenus, sont tous d'ailleurs, sauf un seul, Jean de Venette, notoirement hostiles au prévôt. Il est vrai que Jean de Venette partage ou semble partager l'opinion générale. Mais rien d'étonnant qu'avec sa naïveté, sa crédulité habituelle, il se soit laissé tromper, abuser comme tant d'autres, qu'il se soit fait, ici comme toujours, l'écho fidèle des rumeurs populaires. Encore se garde-t-il de rien affirmer, quoiqu'on ait prétendu. Il se contente de rapporter le bruit qui court, l'accusation, lancée *après coup* contre Marcel; réserve prudente et curieuse, qu'on n'a pas assez remarquée. Elle vaut pourtant qu'on en tienne compte, surtout si l'on songe combien il devait être difficile, à un chroniqueur de ce temps-là, de s'inscrire ouvertement en faux contre le discours royal du 4 août, contre la parole du prince?

N'oublions pas non plus que ce jeune prince, après avoir, nous le répétons, si mal, si tristement débuté, est devenu plus tard Charles le Sage. Or il est incontestable que le respect inspiré par le roi a dû, dans une large mesure, donner crédit aux

La mort du preuost des
marchans de paris.

calomnies, jadis répandues par le régent contre ses anciens adversaires.

Au lendemain de la mort de Charles V, ce qui nous étonne, ce qui nous paraît étrange, presque incompréhensible, ce n'est pas de voir les historiens postérieurs reproduire ou copier le récit officiel de Pierre d'Orgemont, c'est au contraire d'en rencontrer *un* qui s'en écarte, qui semble ne pas croire à la trahison de Marcel, qui n'y fasse aucune espèce d'allusion, l'auteur anonyme, déjà cité, de la *Chronique des quatre premiers Valois*.

N'est-ce pas une preuve évidente qu'il reste encore vers la fin du quatorzième siècle, des témoins bien informés, lesquels, sans oser prendre à partie la calomnie et le mensonge, savent pourtant à quoi s'en tenir sur la vérité ? Ces derniers survivants du drame de 1358 une fois disparus, il est tout naturel que le complot navarrais du 31 juillet devienne pour tous article de foi. Il le deviendra surtout, quand Froissart, le maître conteur, avec sa fantaisie, son imagination habituelle, aura brodé sur le sujet une de ses plus belles scènes dramatiques.

Tout le monde connaît le fameux dialogue entre Maillart et Marcel, « un petit *devant minuit,* à la porte Saint-Antoine : — Étienne, Étienne que faites-vous ici à cette heure ? — Je suis céans pour prendre garde de la ville. — Par Dieu, vous mentez, traître, vous mentez. — Et tantôt férit à lui ; et dit à ses gens : — A la mort, à la mort, tout homme de son côté, car ils sont traîtres. Là eut grand hutin et dur, et s'en fût volontiers le prévôt des marchands fui, s'il eût pu, mais il fut si hâté qu'il ne put ; car Jean Maillart le férit d'un coup de hache sur la tête, et l'abattit à terre ».

On voit que Froissart, avec son instinct dramatique, n'a pas hésité à placer en pleine nuit la mort de Marcel, quand elle avait eu lieu en plein jour. Qu'importe ? le drame, à pareille heure, était autrement saisissant ; en outre la trahison n'en devenait que plus vraisemblable. Aussi le récit de Froissart ne pouvait-il manquer de faire fortune. C'est celui que les historiens modernes ont adopté de préférence, et reproduit le plus volontiers.

Jusqu'à ces derniers temps la *trahison* de Marcel, son projet de livrer Paris aux Anglo-Navarrais, la couronne de France au roi de Navarre, est restée chose si bien établie, que personne ne songeait même à la discuter. Mais depuis une trentaine d'années que la critique historique s'est occupée sérieusement d'Étienne Marcel, il était inévitable que la vérité se fit jour tôt ou tard.

M. Perrens est un de ceux qui auront le plus contribué à rappeler l'attention sur l'illustre prévôt. Sa monographie de Marcel, publiée dans la précieuse collection de l'*Histoire générale de Paris*, est la plus complète, la plus savante qui ait paru encore. Pleine

Statue d'Étienne Marcel par MM. Marqueste et Idrac.

de renseignements curieux et d'aperçus nouveaux, elle a fait justice déjà de bien des erreurs, de bien des exagérations.

Toutefois, en ce qui concerne le prétendu complot navarrais du 31 juillet, M. Perrens s'en tient toujours à l'opinion commune, se contentant de plaider en faveur de son héros les circonstances atténuantes. Il a eu raison de soutenir que le fait de substituer une dynastie à une autre ne constituait pas en soi un véritable crime de *trahison*, raison aussi d'affirmer qu'on ne pouvait prêter sérieusement à Marcel le projet d'avoir voulu massacrer « les deux tiers » de la population parisienne. Mais il n'en continue pas moins d'admettre, conformément à la légende, que le prévôt des marchands de Paris, pour se débarrasser de ses adversaires. comme pour assurer le succès de sa révolution dynastique, avait résolu d'introduire de nuit les Anglo-Navarrais dans Paris, dans ce Paris dont la garde lui était confiée. Or, il n'y a pas d'argumentation qui tienne, si habile, si ingénieuse qu'elle puisse être; un tel projet, s'il a été réellement conçu, constituera toujours une sorte de trahison, ou si l'on veut, de manœuvre répugnante et honteuse.

Aussi n'a-t-on pas oublié l'émotion que souleva naguère la décision, prise par le Conseil municipal de Paris, d'élever une statue à Étienne Marcel. Une statue dans Paris à l'homme qui avait voulu trahir et livrer Paris! Nombre de gens s'indignèrent, ou feignirent de s'indigner, comme si une proposition pareille eût été anti-honnête, anti-patriotique.

Un homme pourtant, dont nul n'a jamais suspecté le patriotisme ni l'honnêteté, Henri Martin, s'était depuis longtemps étonné que le premier défenseur de nos libertés publiques, de nos libertés communales, n'eût pas encore sa statue à l'Hôtel-de-Ville de Paris. C'est qu'Henri Martin devait, à l'étude approfondie de l'histoire, cette haute et sereine impartialité, qui rend indulgents aux erreurs, aux entraînements des partis, qui juge les hommes, non sur la faute ou le crime d'un jour, mais sur l'ensemble des grandes choses accomplies ou tentées, des nobles desseins conçus ou réalisés.

Or, l'homme qui, quatre siècles avant 89, revendiqua les droits de la nation, défendit ses libertés, mérite peut-être que les fils de 89 lui en témoignent quelque estime et quelque reconnaissance.

Aussi Henri Martin avait-il raison de demander que Paris honorât Étienne Marcel, malgré la trahison dont il le croyait coupable vis-à-vis de Paris. Car Henri Martin, comme M. Perrens, comme tous nos historiens, a cru sur ce point à la culpabilité du prévôt.

Seul, Louis Blanc, dans les considérations générales qui ouvrent son histoire de la *Révolution française,* semble avoir un instant flairé la calomnie, entrevu la vérité. Le temps lui a manqué, sans doute, pour en rechercher, en rassembler, en établir les preuves. Ces preuves, nous les avons données déjà, dans deux brochures successives (1), et nous les croyons convaincantes, concluantes, autant qu'il est possible de le désirer.

Toutefois, nous ne nous dissimulons pas combien la vérité aura peine encore à triompher de la routine, jointe à l'esprit de parti. En terminant cette histoire d'Étienne Marcel, si différente de la vieille légende d'autrefois, nous avons toujours présentes à l'esprit les éloquentes et généreuses paroles que Gambetta prononçait, le 13 novembre 1868, dans l'affaire Baudin :

« Je sais quelles préventions, quels préjugés singuliers se forment sur l'homme constamment mêlé à la lutte; je sais, quand il est vaincu, quelle légende monstrueuse on arrive à construire contre lui, par l'entassement des calomnies.

« C'est ainsi que souvent un juste, un martyr, meurt avec la réputation d'un scélérat, et c'est là ce qu'on appelle former l'opinion des honnêtes gens. Eh bien, moi, qui, à l'heure actuelle, tiens pour ma part l'occasion de faire le bien, de rétablir le vrai, d'affirmer une mémoire qui nous est chère, je suis

(1) *La mort d'Étienne Marcel*. Paris, P. Dupont, 1886.
La question d'Étienne Marcel, réponse à M. Noël Valois. Paris, P. Dupont, 1887.

fier de l'occasion qui m'est offerte, et je ne faillirai pas. »

Nous n'avons pas voulu faillir non plus à la tâche que nous nous étions imposée, de compléter, d'achever la réhabilitation d'Étienne Marcel.

Pour sa gloire, c'est beaucoup sans doute que Paris lui ait enfin voté la statue depuis longtemps réclamée; pour son honneur, ce n'est pas assez. Il faut que justice soit faite enfin de l'abominable calomnie qui, pendant cinq siècles et demi, n'a cessé de peser sur sa mémoire.

Voilà ce que nous avons tenté; puissions-nous y avoir réussi!

TABLE DES GRAVURES

Pages.

Étienne Marcel. 3

Comment le roy de Navarre fu prins au chastel de Rouen et de la mort daucuns chevaliers de Normandie qui estaient rebelles au roy de France. 5

Armes d'Étienne Marcel 16

Paris en 1380, d'après le plan dressé par M. Legrand pour l'*Histoire générale de Paris*. 23

Comment maistre Robert le Coq évelque de Laon, prescha en parlement depar les genz des trois estaz comment les officiers du roy devoient estre privez de leurs offices . . 55

De la deffense que monsieur le duc de Normandie fist au prévost des marchans et à autres qui usurpoient la puissance de gouverner le royaume. 69

De la prédicacion par paroles couvertes que le roy de Navarre fist au pré aux clercs à plusieurs de la ville de Paris à la fin à quoy il tendoit. 79

Comment monseigneur le duc en asseurant ceuls de Paris leur dist en plaines hales quil vouloit vivre et mourir avecques euls et que les gens darmes quil faisoit venir estaient pour le bien deuls et du royaume. 89

Comment le prévost des marchans et ses aliez alérent au palais en la chambre de monseigneur le duc de Normandie et la présent luy tuérent les deux maréchaux de Clermont et de Champaigne. 97

Pages.

Du commencement et première assemblée de la mauvaise Jacquerie de Beauvoisis 131

Ci parle de la bataille de Meaux-en-Brie où les Jacques furent déconfits par le comte de Foix et le captal de Buch. . .

Du preschement que le roy de Navarre fist en lostel de la ville, et comment par le exortement de ses aliez fu fait capitaine de Paris dont plusieurs furent courrouciez . . 149

Comment le régent et le roy de Navarre assemblèrent en un pavillon qui fu tendu sur une mote entre Saint-Anthoine et le bois pour acorder un traictié que la royne Jehanne avoit basti. 161

Comment monseigneur le duc de Normandie aisné, filz du roi de France lors régent le royaume reboutèrent li et ses gens ceuls de Paris de dessus le pont quil avoit fait faire sur Saine. 165

De la mort au prevost des marchans et de plusieurs autres qui estoient ses aliez. 193

La mort du prevost des marchans de Paris. 203

Statue d'Étienne Marcel par MM. Marqueste et Idrac. . . 207

TABLE DES MATIÈRES

Pages.

Préface. v

CHAPITRE PREMIER

La France en 1356. — Le guet-apens de Rouen et le désastre de Poitiers 1

CHAPITRE II

Étienne Marcel met Paris en état de défense. 15

CHAPITRE III

Les États de 1356. — Le dauphin se joue d'eux et les renvoie. 27

CHAPITRE IV

L'affaire des monnaies. — Le dauphin obligé de rappeler les États 45

CHAPITRE V

Les États de 1357, et la grande ordonnance de mars . . . 53

CHAPITRE VI

Le dauphin défend à Étienne Marcel de se mêler du gouvernement 65

CHAPITRE VII

Le roi de Navarre est tiré de sa prison. 75

CHAPITRE VIII

Le dauphin attaque publiquement Marcel et les états. . . 87

CHAPITRE IX

Pages.

La journée du 22 février. 95

CHAPITRE X

Le dauphin quitte Paris. 105

CHAPITRE XI

Marcel s'empare de l'artillerie du Louvre. — Sa lettre du 18 avril au dauphin. 117

CHAPITRE XII

Nobles contre bourgeois. — Paysans contre nobles. — Étienne Marcel et les *Jacques*. 125

CHAPITRE XIII

Lettre de Marcel aux villes de Flandre. — Le roi de Navarre, capitaine-général de Paris 141

CHAPITRE XIV

Intrigues du roi de Navarre et du Régent. 155

CHAPITRE XV

Les mercenaires anglais 175

CHAPITRE XVI

Le complot royaliste du 31 juillet et la meurtre de Marcel. . 189

CHAPITRE XVII

La légende de la trahison. 197

Table des gravures. 213

Saint-Denis. — Imp. Alcide Picard et Kaan. — U. P.

www.ingramcontent.com/pod-product-compliance
Ingram Content Group UK Ltd.
Pitfield, Milton Keynes, MK11 3LW, UK
UKHW021135260726
13994UKWH00001B/151